MICHAEL QUETTING

PLÖTZLICH GÄNSEVATER

MICHAEL QUETTING

PLÖTZLICH GÄNSEVATER

Sieben Graugänse
und die Entdeckung
einer faszinierenden Welt

LUDWiG

Die Verlagsgruppe Random House weist ausdrücklich darauf hin,
dass im Text enthaltene externe Links vom Verlag nur bis zum Zeitpunkt
der Buchveröffentlichung eingesehen werden konnten.
Auf spätere Veränderungen hat der Verlag keinerlei Einfluss.
Eine Haftung des Verlags für externe Links ist stets ausgeschlossen.

Verlagsgruppe Random House FSC® N001967

2. Auflage
Originalausgabe 03/2017

Copyright © 2017 by Ludwig Verlag, München,
in der Verlagsgruppe Random House GmbH,
Neumarkter Straße 28, 81673 München
Redaktion: Ute Daenschel
Umschlaggestaltung: Hauptmann & Kompanie Werbeagentur, Zürich
Umschlagfotos: © colourFIELD tell-a-vision
Satz: Leingärtner, Nabburg
Druck und Bindung: Friedrich Pustet, Regensburg
Printed in Germany
ISBN: 978-3-453-28091-5

www.Ludwig-Verlag.de

Für Amélie und Ronin

INHALTSVERZEICHNIS

NEUN EIER	9
GLORIA	21
SIEBEN KÜKEN	35
ERSTES BAD	49
IHR MACHET SACHE!	61
DAS UNGEHEUER IN DER SCHEUNE	75
BUSFAHRT MIT GÄNSEN	87
LEUCHTENDE KINDERAUGEN	103
GANTER UND GÄNSE	115
FLIEGEN	129
DER VIELFRASS	143
FRIEDER DREHT AB	155
GÄNSEPUBERTÄT	167
RAUSWURF	179
KREISE ÜBER DEM MAISFELD	191

DIE ENDLICHKEIT	207
DER PASSAGIER	213
ZURÜCK IN DER ZIVILISATION	225
AUSGEFLOGEN	235
VIELEN HERZLICHEN DANK AN	239
BILDNACHWEIS	240

NEUN EIER

Ich bin hochschwanger mit Neunlingen. Beziehungsweise: So ungefähr fühle ich mich. Bis zum errechneten Schlupftermin, dem 30. Bruttag, ist es zwar noch etwas mehr als eine Woche hin, doch der Nestbautrieb hat mich bereits voll im Griff. Ich würde gerne in Geschäftigkeit ausbrechen, Lieferanten nach dem besten Bioheu und den besten Biokörnern abklappern, irgendetwas zusammenbauen und alles möglichst gut vorbereiten, doch im Vogelnestbau habe ich leider überhaupt keine Erfahrung. Ich kann nichts tun, außer mit verklärtem Blick vor dem Brutautomaten zu sitzen.

Hinter der Glasscheibe liegen neun Gänseeier. Der Brutautomat steht im Keller des Max-Planck-Instituts, in dem ich arbeite. Das Ding sieht ein bisschen aus wie ein Heißluftbackofen und hört sich auch so an. Im Inneren des Brutautomaten wird die Warmluft nämlich ständig umgewälzt und verteilt, was ein angenehmes, sonores Brummen erzeugt.

Allerdings ist es da drin nur genau 37,6 Grad warm. Ein paar Grad mehr und die Eier würden nicht ausgebrütet, sondern gar gebrüht. Ein paar Grad weniger und sie würden nur aufbewahrt wie im Kühlschrank.

Die Eier sind etwa faustgroß. Es gibt Menschen, die sich aus Gänseeiern ein pfannengroßes, besonders aromatisches Spiegelei machen oder sie – wie die Großpackung eines Hühnereis – ganz normal zum Backen verwenden. Wahrscheinlich ist das praktisch, denn ein Gänseei entspricht ungefähr drei Hühnereiern, aber ich habe es noch nie ausprobiert.

In dem Brutautomaten herrscht eine Luftfeuchtigkeit zwischen 65 und 70 Prozent – man könnte auch sagen, das Ganze ist ein vollautomatischer Gänsepopo. Die Eier sollen sich hier genauso entwickeln, wie unter dem Bürzel ihrer Gänsemama in freier Natur.

Leider ist das nicht so einfach, wie es klingt, denn so ein Gänsepopo ist ein filigranes Gebilde und erzeugt eine einzigartige Atmosphäre aus Wärme und Feuchtigkeit. Damit das Schlüpfen im Automaten auch klappt, müssen sämtliche *Brutparameter* konstant bleiben, und zwar über den ganzen Tag hinweg. Am wichtigsten ist die exakte Luftfeuchtigkeit. Ist sie zu niedrig, trocknet die Haut des Eis im Inneren aus und das Gewebe bekommt eine ledrige Konsistenz – dadurch wird das Schlüpfen für die Küken sehr erschwert, und es kann sein, dass sie es nicht schaffen, die Haut des Eis zu durchbrechen. Dann schlüpfen sie nicht aus, sondern bleiben in dem ledrigen Ei gefangen. Eine Qual, die ich den Gänseküken lieber ersparen will.

In der Natur entsteht die hohe Luftfeuchtigkeit dadurch, dass die Gänsemama ein- bis zweimal täglich das Nest verlässt, eine Runde baden geht und sich anschließend mit nassem Po wieder auf die Eier setzt. Während sie weg ist, sinkt allerdings auch die Temperatur im Nest. Der Brutschrank kann den kleinen Ausflug der Gänsemama natürlich nicht nachmachen, deshalb nehme ich die Eier zweimal am Tag heraus, kühle sie eine halbe Stunde lang mit kalter Luft und besprühe sie vor dem Zurückstellen mit lauwarmem Wasser.

Die Eier sind cremeweiß und ihre Oberfläche fühlt sich sehr angenehm an. Warm und ganz glatt, fast wie ein beheizter Handschmeichler.

Ich habe jedes Mal Angst, eins von den Eiern könnte mir auf den Steinboden fallen. In der dritten Brutwoche sähe so ein aufgeschlagenes Gänseei garantiert nicht mehr wie etwas aus, das sich mit »Zewa Wisch&Weg« appetitlich beseitigen lässt, sondern wie der Embryo eines Kükens, das sich vielleicht schon bewegt.

Die Eier müssen außerdem mehrmals am Tag gewendet werden – das ist wichtig, sonst könnten die kleinen Gänseembryos an der Eiwand festkleben. Um sich entwickeln zu können, müssen sie immer frei in ihrem Dottersack schwimmen.

In den ersten Wochen war ich bei der Kontrolle der Parameter noch relativ entspannt, doch jetzt stelle ich eine immer stärkere Brutparanoia an mir fest. Ich muss mich beherrschen, nicht andauernd hochzuspringen und immer wieder die Temperatur und die Luftfeuchtigkeit zu kontrollieren. Vorgestern Nacht bin ich um kurz nach eins aus meinem Bett hochgeschreckt und hergefahren, weil ich dachte, die Eier seien plötzlich zu kühl.

Bei dem ganzen Projekt steht viel auf dem Spiel – und damit meine ich nicht nur das Leben von neun kleinen Gänseküken. Es geht auch um Geld und den Erfolg meiner Arbeit.

Die Gänse sollen später sogenannte Datenlogger auf dem Rücken tragen. Das ist ein etwa streichholzschachtelgroßes Messgerät, das allerhand Daten aufzeichnet. Mit Hilfe dieser Messdaten kann man dann präzise Aussagen über Flugmechanik, Aerodynamik und den momentanen Zustand der Atmosphäre treffen.

Wenn es gelingt, soll es in einigen Jahren oder Jahrzehnten möglich sein, an vielen Orten der Welt, dort wo sich Vögel und andere Tiere befinden, zum Beispiel Daten über Luftströmungen und Windgeschwindigkeiten zu erhalten. Diese wertvollen Informationen sollen dann automatisch über einen Satelliten gesammelt und zur Auswertung zur Erde gefunkt werden. Für die Wetterbeobachtung sind das äußerst wertvolle Informationen, gerade weil sie ansonsten auf Daten angewiesen ist, die von den Messungen der Bodenstationen stammen. Wie zum Beispiel die Luftbewegungen in 3000 Metern Höhe irgendwo in der Mongolei aussehen, das können die Wetterstationen bislang nur mutmaßen und näherungsweise bestimmen. Irgendwann einmal könnte es gelingen, aus Vögeln mobile Wetterstationen zu machen, ohne sie in ihrem Flugverhalten zu beeinflussen.

Falls es mir nicht gelingt, die Eier zum Schlüpfen zu bringen, bedeutet das: Ein ganzes Jahr ist verloren. Neue Gänseeier wird es erst nächstes Jahr wieder geben. Gänse brüten nicht, wie ein Huhn, das ganze Jahr über, sondern nur, je nach Witterung, zwischen März und Mai. Vielleicht werden Gänseeier bei manchen Menschen auch deshalb als Delikatesse angesehen: Sie sind nicht ständig verfügbar, das Angebot ist durch die Natur beschränkt. Für eine Gans ist das übrigens nicht anders: Entdeckt zum Beispiel ein hungriger Marder das Gänsegelege, während die Gänsemama beim Baden ist, so kann sie bei ihrer Rückkehr nur um die Eier trauern, brütet aber nicht noch einmal. *Nachgelege* gibt es bei Gänsen nicht. Ich weiß nicht, ob Gänse wirklich trauern, aber der Gänsemutter bleibt dann nichts anderes übrig, als ein Jahr zu warten.

Doch warum soll gerade ich Gänsevater werden? Ganz einfach: Weil ich fliegen kann. Ich bin schon lange Drachenflieger und habe vor einiger Zeit einen Flugschein für ein Ultraleichtflugzeug gemacht. Deshalb war im Institut, als es darum ging, wer dieses Projekt übernimmt, auch ziemlich schnell klar, dass ich die Gänse aufziehen würde. Und wenn alles klappt, dann werde ich mit den Gänsen in ein paar Wochen fliegen!

Die Verantwortung und die Spannung lastet ganz schön schwer auf meinen Schultern. Hinzu kommt: Ich bin gerade frisch geschieden und habe mich von all dem Stress noch nicht so richtig erholt. Ich darf die Gänseeier nicht vernachlässigen, möchte aber auch nicht, dass die Zeit auf Kosten meiner Kinder geht, die mich gerade jetzt besonders brauchen. Ich bin mir nicht einmal sicher, ob ich emotional überhaupt Kapazitäten für neun bedürftige, piepsende, nervende kleine Küken haben werde.

Aus all diesen Gründen bin ich nervös und unausgeglichen, während ich vor dem Brutautomaten sitze. Dass ich den Eiern aus *Nils Holgersson* vorlese, hat also nicht zuletzt den Zweck, mich selbst ein bisschen zu beruhigen.

Ja, genau: Ich lese den Eiern vor. Ich stelle einen Bluetooth-Lautsprecher zwischen die Eier und höre bald meine etwas verzerrte Stimme:

Es war einmal ein Junge. Er mochte wohl vierzehn Jahre alt sein, war lang aufgeschossen und hatte flachsgelbes Haar. Er war zu nichts recht zu gebrauchen ...

Wichtig ist, dass die Küken – oder die Gössel, wie sie im Fachjargon heißen – sich schon hinter der Eischale an meine Stimme gewöhnen. Sie sind zwar noch nicht auf der Welt – aber Geräusche können sie schon wahrnehmen. Wenn sie schlüpfen, werden sie sich an den Klang meiner Stimme erinnern. Auch kleine Babys erkennen die Stimme ihrer Mutter schon, wenn sie noch gar nicht geboren sind. Angeblich gibt es ja besonders karrierebewusste Eltern, die um den schwangeren Bauch einen Kopfhörer klemmen und das Baby stundenlang mit klassischer Musik beschallen, weil sie hoffen, dass dadurch die Intelligenz ihres Kindes gefördert wird.

»Keine Angst«, sage ich in den Brutautomaten, »ich werde nicht versuchen, auf eurem Rücken zu fliegen. Ich habe mein eigenes Flugzeug.«

Intelligenter werden die Gänse durch meine Stimme bestimmt nicht. Es geht lediglich um die *Prägung* auf mich.

Ganz grob kann man Vögel in zwei Kategorien einteilen: die Nestflüchter und die Nesthocker.

Beide werden als Eier im Nest ausgebrütet, doch dann kommt der große Unterschied: Während die Nesthocker nach dem Schlüpfen noch einige Zeit als Küken im Nest bleiben und von den Eltern mit vorgekauter Nahrung versorgt werden, sind die anderen direkt nach dem Schlüpfen schon sehr weit entwickelt. Das sind die Nestflüchter, und zu dieser Gruppe zählen auch Graugänse. Sind sie einmal aus dem Ei geschlüpft, dann können sie sich sofort in ihrer Umwelt zurechtfinden. Allerdings werden auch Graugänse in der ersten Zeit noch wochenlang von ihren Eltern beschützt und begleitet.

Das Erstaunliche ist: Die kleinen Gänseküken sind bei der Wahl ihrer Eltern sehr genügsam – als Mama oder Papa nehmen sie einfach denjenigen oder auch dasjenige an, was sie nach dem Schlüpfen wahrnehmen. Normalerweise ist das natürlich Mama Gans, denn in der Regel bebrütet sie die Eier, bewacht nach dem Schlüpfen das Nest und umsorgt ihre Kleinen. Doch der Verhaltensforscher Konrad Lorenz hat schon vor langer Zeit herausgefunden, dass Gänse auch Mitglieder einer anderen Spezies, zum Beispiel einen Menschen wie mich, oder sogar Gegenstände wie einen Fußball oder eine Puppe als Papa akzeptieren können.

Es genügt, wenn der Gegenstand oder die Person sich vor und nach dem Schlüpfen in die Wahrnehmung der Gänse einprägt. Deshalb nennt man diesen Vorgang auch *Prägung.*

Es geht bei der Prägung um Geräusche und Aussehen, aber auch um Geruch. Schon vor einiger Zeit habe ich ein getragenes T-Shirt von mir in den Brutautomaten neben die Eier gelegt. Vielleicht wäre auch eine alte Socke gegangen – aber das wollte ich ihnen nicht schon vor der Geburt zumuten.

Nicht nur vom kleinen Nils Holgersson lese ich den Eiern vor, ich erzähle auch einfach so vor mich hin, was mir gerade einfällt.

Und vor allem: Ich präge den Eiern zwei wichtige Geräusche ein, die bald eine große Rolle spielen werden. Erstens das aufgezeichnete Propellergeräusch des Ultraleichtflugzeugs, mit dem ich die Gänse später auf ihren Flügen begleiten will. Auch an das Rattern des Propellers sollen sie sich bereits vor dem Schlüpfen gewöhnen. Zweitens – und vielleicht noch wichtiger – das Tröten meiner kleinen, etwas altmodischen Ballhupe. Das Geräusch ist vergleichbar mit dem Tröten einer Vuvuzela, zwar nicht ganz so laut, aber ungefähr genauso nervig. Später soll es für die Gänse nur bedeuten: Achtung! Beeilung! Sofort zu mir! Bei den Gänsen in der Natur gibt es ebenfalls so ein Geräusch – es klingt zwar anders, aber die Gänsemama benutzt es auch, um ihre Schützlinge vor Gefahren zu warnen und zu sich zu rufen.

Für Gänseküken ist die Welt voller Gefahren. Von den vier bis sechs Eiern, die eine Gänsemama ausbrütet, bleiben oft nur ein oder zwei ausgewachsene Gänse übrig.

»Ich werde euch schon vor Raubtieren beschützen«, verspreche ich den Eiern. Sie reagieren nicht.

Wieder betrachte ich die Temperaturanzeige: Genau 37,6 Grad. Alles in Ordnung. Dann sehe ich auf die Uhr und erschrecke: Es sind mehrere Stunden vergangen und draußen ist es längst dunkel. Hier im Keller bekomme ich davon genauso wenig mit, wie die Gänse hinter der Schale. Ich habe auch gar nicht bemerkt, wie hungrig ich eigentlich bin. Ich springe auf, rufe den Eiern »Gute Nacht!« zu und lösche das Licht im Brutraum.

Einen Tag später ziehen die Eier zum ersten Mal um. Sie bleiben zwar noch im Brutautomaten, doch kommen sie jetzt von der Wendehorde in die Schlupfhorde. Die Wendehorde ist die Vorrichtung, in der die Eier während der ersten Wochen automatisch gewendet werden. Das Ding sieht ein bisschen aus wie ein kleiner Wäscheständer ohne Füße und mit etwas weniger Abstand zwischen den Leinen, die in diesem Fall Stangen sind. Durch automatische Verschiebung der Stangen werden die Eier sanft um ihre eigene Achse gedreht. So kurz vor dem Schlüpfen ist das Wenden jedoch nicht mehr notwendig, es kann sogar schädlich sein. Schließlich sind die Küken jetzt bereits so groß, dass sie kaum noch Platz in dem Ei haben – ein Zustand, der keiner Schwangeren unbekannt sein dürfte. Die Küken können sich jetzt nicht mehr einfach in ihrem Dotter drehen, sie haben bereits die kleine Luftblase durchstochen, die sich in jedem Ei befindet. Die Luftblase dient dem Küken als Vorrat an Atemluft, bevor es die Schale durchbricht.

Eine Wendung in diesem Stadium ist nutzlos und könnte die Küken verletzen. Deshalb kommen die Eier jetzt in die sogenannte Schlupfhorde. Das ist ein Kasten mit einem feinmaschigeren Gitter. Er sieht ein bisschen aus wie ein leichtes, filigranes Backblech.

Vorsichtig nehme ich jedes einzelne Ei heraus und bette es quasi um.

Abkühlen muss ich die Eier jetzt nicht mehr, auch Mama Gans verlässt das Nest am Ende der Brutzeit nur noch selten und bleibt schön fest auf den Eiern sitzen.

Wichtig ist, dass die Luftfeuchtigkeit noch etwas steigt – auf mindestens 80 Prozent. So warm-feucht ist auch das Klima unter einem Daunenpopöchen. Die Eihäute müssen jetzt so geschmeidig wie möglich bleiben, damit die Küken nicht in der Schale hängen bleiben oder sich an ihr verletzen.

Leider ist es in unserem Institutskeller normalerweise knochentrocken. Ich kämpfe schon die ganze Zeit gegen diese Trockenheit an. In dem Brutautomaten steht ein riesiger Blumentopfuntersetzer, der bis zum Rand mit Wasser gefüllt ist. Dazu lege ich noch zwei große Spülschwämme, um die Verdunstungsoberfläche zu vergrößern. Nach einiger Zeit hält sich die Luftfeuchtigkeit zum Glück bei 82 Prozent.

Ich darf die Eier jetzt nicht mehr anfassen und den Brutschrank auch nicht mehr aufmachen. Die Küken sind nun ganz auf sich allein gestellt. Ich kann ihnen beim Schlüpfen nicht helfen, und man kann diesen Prozess auch nicht technisch optimieren. Ich kann nur zuschauen und abwarten, was passiert – ein ungewohntes Gefühl der Ohnmacht.

Während ich vor den Eiern sitze, lasse ich meine Gedanken fließen. Ich habe mich immer schon für Tiere interessiert, aber Rohkost-Veganer bin ich nie gewesen, und ich weiß auch nicht, ob die Bezeichnung *besonders tierlieb* oder *tiervernarrt* gut zu mir passt.

Zwischendurch starre ich immer wieder die Eier an, aber sie sehen noch immer so aus wie vorher. Unruhig springe ich auf und setze mich wieder hin.

Wie sollen die kleinen Küken das eigentlich schaffen? Ist die Schale nicht viel zu hart? Und woher wissen sie überhaupt, dass die Welt hinter der Schale weitergeht? Oder sind da vielleicht gar keine Küken drin? Und kann mir jemand mit Betablockern aushelfen?

Zwei Tage vor dem errechneten Schlupftermin lese ich wieder einmal aus Nils Holgersson vor.

... Der Junge wollte durchaus nicht glauben, dass er in ein Wichtelmännchen verwandelt worden war. ›Es ist gewiss nur ein Traum und eine Einbildung‹, dachte er. ...

Ab und zu hebe ich den Kopf, um zu prüfen, ob mir das Publikum, also die Eier, auch aufmerksam zuhören. Sie scheinen sich für die Geschichte aber – wie immer – nicht wirklich zu interessieren.

... ›Wenn ich ein paar Augenblicke warte, werde ich schon wieder ein Mensch sein.‹ Er stellte sich vor den Spiegel und schloss die Augen ...

In diesem Moment geschieht etwas Erstaunliches: Die Küken antworten. Ich höre ein erstes zartes Piepsen und mir wir ganz warm. Da sind sie! Das erste Geräusch der Gänse!

Ich bin gerührt, kneife die Augen zusammen und kann es nicht fassen – die Eier bewegen sich außerdem ganz leicht. Ein paar Millimeter hin und her. Sie erkennen offenbar meine Stimme. Ich traue mich kaum, die Gänse über Nacht allein im Brutautomaten zu lassen. Auf dem Weg nach Hause weiß ich: Da sind jetzt neun kleine Lebewesen, die auf mich warten!

Und dann wird es wirklich ernst. Um sieben Uhr früh vibriert mein Telefon. Es ist eine Tierpflegerin vom Institut, und sie klingt sehr aufgeregt. Während ich noch mein Betriebssystem hochfahre, höre ich: »Ein Ei ist angepickt!«

Sofort bin ich wach. Das Gänse-Abenteuer kann also beginnen.

GLORIA

Ich springe in meine Klamotten und mache mich auf den Weg. Mir fallen die letzten unruhigen Tage vor der Geburt meiner Kinder wieder ein und die hektischen, aufgeregten Momente, als wir endlich zum Krankenhaus fuhren. Wahrscheinlich sind die Küken nun in einem ähnlichen Stadium – es ist jetzt bald wirklich so weit.

Allerdings brauchen die Küken kein Krankenhaus, kein ärztliches Team und keinen medizinischen Hightech, ja noch nicht einmal eine Hebamme. Sie brauchen fast gar nichts, nur das Schlupf-Backblech, etwas Wärme und Feuchtigkeit und ein bisschen Selbstbewusstsein.

Im Brutraum traue ich meinen Augen nicht. Ich kann sogar schon ein Küken erkennen, das von innen in der Mitte des Eis gegen die aufgeplatzte Schale drückt. Ich komme mir fast vor wie mit 15, als ich zum ersten Mal verliebt war, und bin selbst erstaunt über meine Rührung. Wie kann das sein? Die Küken sind doch nicht meine Kinder! Wir sind ja noch nicht mal verwandt! Aber wie klein so ein Schnabel ist! Und wie viel Mühe es dem kleinen Küken bereitet, damit die Eischale aufzubrechen!

»Papa ist da und wartet auf euch!«, flüstere ich den Eiern zu, und beim Klang meiner Stimme piepsen sie sofort aufgeregt. Erstaunlich – bis mein Sohn mich zum ersten Mal anglucksen oder anlächeln konnte, hat es über eine Woche gedauert.

Am liebsten würde ich den Brutschrank sofort öffnen und dem kleinen Küken beim Aufbrechen der Schale helfen. Das könnte ich schließlich mit einem Handgriff und das Küken ist doch noch so klein! Wie soll es das selbst schaffen? Aber ich zwinge mich, es nicht zu tun, denn dies wäre ein fataler Fehler.

Die Küken brauchen die Schlupfzeit, um den Dottersack einzuziehen. Während sie ausgebrütet werden, ernähren sie sich ausschließlich von ihm und noch in den ersten Stunden nach dem Schlüpfen dient er ihnen als lebenswichtige Nahrungsquelle. Außerdem würde das warmfeuchte Klima im Schrank durch eine Öffnung sofort zerstört werden. Die Lebensbedingungen wären dann nicht mehr optimal, und es könnte sein, dass den anderen Küken das Schlüpfen nicht gelingt.

»Wen haben wir denn da?«, rufe ich dem ausschlüpfenden Küken zu und mir fällt ein: Ich muss mir noch Namen aussuchen. Meine Tochter hat mir eine Liste mit ungefähr zwanzig verschiedenen Namen aufgeschrieben. Vor allem aber wollte sie unbedingt, dass eine Gans Gloria heißt. Für sie ist das einfach ein Name, der besonders gut zu einer Gans passt. So, wie Hansi für mich nach einem Wellensittich klingt oder Rex nach einem Hund. Wieso das so ist, weiß ich nicht. Es ist einfach mein Gefühl. Gloria finde ich für diesen feierlichen ersten Moment aber wirklich ganz passend. Die kleine Gans Gloria wird nun also als erste das Licht der Welt erblicken. Oder besser gesagt: eine zehn-Watt-Kühlschrankbirne.

Es sieht aus, als würde sie zwischendurch immer wieder verschnaufen und durchatmen, während sie mit ihrem Eizahn kreisförmig die Schale aufknackt. Dieser Zahn ist unheimlich praktisch und wichtig, denn mit ihrem noch weichen Schnabel allein würde es dem Küken wohl kaum gelingen, die Schale aufzubrechen. Dabei handelt es sich gar nicht um einen richtigen Zahn, sondern um eine spitze Verhornung am Schnabel, die bald nach dem Schlüpfen wieder verschwindet.

Es dauert über eine Stunde, dann reckt sie ihren ganzen Schnabel durch das Ei nach draußen. Der Kopf ist noch immer nicht zu sehen und einige Zeit lang tut sich erst mal nichts mehr. Dann aber geht alles ganz schnell: Gloria presst sich rhythmisch mit aller Kraft gegen die Eiwand, bäumt sich mit einem Ruck auf und ist plötzlich mit dem ganzen Körper draußen. Ihr Hals ist schon erstaunlich lang, sie ist klebrig und feucht und sieht ziemlich erschöpft und ein wenig bemitleidenswert aus.

Ich mache: »Wiwiwiwi« und »Gagagaga«, Laute, mit denen ich auch schon während der Brut auf die Eier eingeredet habe.

Normalerweise passiert all dies unter dem Popo der Gänsemama. Anstatt mit feuchten Augen daneben zu hocken und es beim Schlüpfen anzufeuern, zeigt die Gänsemama ihre Begeisterung über ihr Kleines, indem sie sich draufsetzt und alles schön warm hält.

Gloria bemüht sich, den Kopf in meine Richtung zu heben, doch dazu ist sie noch zu schwach. So liegt sie einfach nur da, zwischen den Eiern, die noch nichts von der Welt wissen, und erholt sich in der wohligen Wärme des Brutautomaten.

Sie muss jetzt noch ungefähr zwölf Stunden in dem feuchtwarmen Klima liegen bleiben, um sich zu regenerieren und abzutrocknen. So lange dauert es auch, bis sich die Daunen aus ihren Hornhüllen befreit haben. Man kann sich diese winzigen Hüllen wie kleine Pergamentrollen vorstellen, in denen die Daunen wie wertvolle Pfeile eingerollt und gut geschützt sind. Sie sehen aus, als wären sie aus zerbrechlichem Papier, bestehen jedoch eigentlich aus Horn. Während die Küken trocknen, zerfällt das Horn und die Daunen können sich einzeln entfalten. Das Ergebnis ist das kuschelig weiche braun- bis goldgelbe Daunenkleid eines frisch geschlüpften Kükens.

Ich lasse Gloria erst einmal in Ruhe trocknen, setze mich mit einem Kaffee auf die Dachterrasse des Instituts und blicke ins Grüne. Für den Frühling ist es bereits ungewöhnlich warm. Wenn ich mich ein bisschen vorbeuge, sehe ich von hier aus die Reihe der großen Volieren hinter unserem Institutsgebäude. Dort werden Amseln, Brieftauben und viele andere Vogelarten untersucht. Allerdings bekommen diese Tiere keine Namen, es geht auch nicht darum, sie an einen Menschen zu gewöhnen.

Hinter den Volieren, idyllisch und einsam auf einer großen Wiese im hinteren Teil der Anlage, steht der Wohnwagen. Direkt am Waldrand. Dort werde ich in den nächsten Wochen mit den Gänsen leben. Das ist das Eigenheim im

Speckgürtel für unsere kleine Gänsefamilie. Das frisch eingerichtete Kinderzimmer. Duckingham Palace.

In meinem Kopf rattert es. Was muss ich eigentlich noch alles erledigen? Bin ich wirklich ausreichend vorbereitet? Noch liegt Gloria im Brutautomaten genau richtig, noch braucht sie mich nicht, aber in ein paar Stunden wird sie vollkommen von mir abhängig sein. Dann bin ich hauptberuflicher, alleinerziehender Gänsevater, und im Gegensatz zu der Gänsemutter, die nur vier bis sechs Eier ausbrütet, werde ich mit bis zu neun Küken auch noch eine besonders große Familie haben. Ich werde Ganter und Gans in einem sein.

Einfach mal draußen ohne die Gänse ein Bier trinken oder für mich allein sein – das wird nach dem Schlüpfen nicht mehr gehen. In meinem Fall gibt es ja nicht einmal – wie bei vielen Menscheneltern und auch bei den meisten Gänsen – eine Gänsemama, die für mich einspringen könnte. Einen Babysitter werden die Kleinen schon gar nicht akzeptieren.

Wie viel Zeit bleibt mir noch, um meine Freiheit ohne die Küken zu genießen? Und was ist es eigentlich, das ich unbedingt noch tun muss? Was ist es, für das ich diese Freiheit unbedingt brauche?

Als ich nach drei Stunden in den Brutraum zurückkehre, sehe ich, dass zwei weitere Eier angepickt sind. Gloria liegt noch immer erschöpft in der Mitte. Aus vielen Eiern ist jetzt ein feines Piepsen zu hören. Es klingt wie ein Radiergummi, den man über ein Blech zieht, also noch gar nicht so richtig wie ein Piepsen, eher wie ein leises Quietschen.

Es ist kein Zufall, dass die Eier nicht alle auf einmal schlüpfen. Eine Gänsemutter müsste dann vier bis sechs Küken gleichzeitig versorgen und wäre überfordert. Man vermutet sogar, dass sich die Küken durch das Piepsen bereits untereinander abstimmen und auf diese Weise eine Schlupfreihenfolge festlegen. Dadurch haben die Gänseeltern genug Zeit, jedem Gänseküken die Aufmerksamkeit und Fürsorge zukommen zu lassen, die in den ersten Lebensstunden besonders wichtig sind. Ich stelle mir vor, wie ein Zwilling dem anderen noch im Bauch durch Handzeichen zu verstehen gibt: »Du, lass' mal, ich hab noch Zeit, mach du ruhig zuerst.«

Ich verlasse den Brutraum erneut für ein paar Stunden und inspiziere noch einmal den Wohnwagen. Besonders luxuriös ist er nicht gerade ausgestattet. Mir kommen plötzlich Zweifel, ob mir darin nicht die Decke auf den Kopf fallen wird. Werden mich die Gänse nerven? Wird es vielleicht langweilig mit ihnen? Und kann ich ihnen wirklich die Gänsemutter ersetzen?

Als ich schließlich zu den Eiern zurückkehre, ist meine Gänsefamilie bereits auf drei Kinder angewachsen. Zwei weitere Küken liegen erschöpft und verkrustet im Brutschrank. Gloria aber sieht gar nicht mehr verkrustet aus. Sie steht abgetrocknet wie ein goldgelber Daunenflussball auf der Schlupfhorde und empfängt mich mit lautem Piepsen, als wollte sie sagen: »Siehst du mich nicht? Ich bin die Erste! Nimm mich zu dir! Na, komm schon!«

Ihr Daunenkleid steht ein bisschen ab, was sie noch drolliger aussehen lässt, so als hätte sie gerade aus Versehen in eine Steckdose gefasst. Tatsächlich sind die Verästelungen ihrer Daunenfedern elektrisch geladen, aber das ist ganz normal und hat einen sinnvollen Zweck: Die Daunenfedern bekommen dadurch einen größeren Abstand, und es können sich zwischen ihnen Luftpölsterchen bilden, welche die Wärmedämmung erhöhen.

Ich glaube, ich habe einen massiven Oxytocinschock, als ich nun die Tür des Brutautomaten öffne und Gloria vorsichtig mit beiden Händen herausnehme. Ihr Fell ist genauso kuschelig und weich, wie es aussieht, aber der kleine Körper fühlt sich in meiner Hand zerbrechlich an. Sie piepst aufgeregt, und ich kann ihren Herzschlag spüren.

Der erste Körperkontakt ist ein kritischer, entscheidender Punkt im gesamten Prägungsprozess. Damit mich Gloria wirklich als Gänsepapa akzeptiert, muss sie von nun an immer in meiner Nähe sein und mich mit allen ihren Sinnen aufnehmen. In diesem ersten Moment entsteht die Bindung zwischen mir und dem kleinen Gänschen.

Ich führe Gloria an meinen Mund und flüstere auf sie ein, als wäre sie ein Baby. »Gagaga«, mache ich, und: »Wiwiwiwi, wiwiwiwi, wer ist denn da?« In diesem Augenblick bin ich froh, dass mich niemand dabei beobachtet, so im Oxytocin aufgelöst, wie ich jetzt bin.

Gloria sieht für mich zwar schon aus, als hätte sie immer so geheißen, aber andererseits vor allem wie ein ganz normales Küken. Und Küken sehen sich bekanntlich allesamt ziemlich ähnlich. Trotz meiner Begeisterung glaube ich kaum, dass ich in der Lage sein werde, Gloria in ein paar Stunden noch von den anderen Küken zu unterscheiden.

Ich bin zwar Gänsepapa, aber kein Gänseflüsterer. Deshalb habe ich beschlossen, farbige Fußringe zur Unterscheidung zu benutzen. Gloria bekommt einen pinken Ring, den ich vorsichtig über ihren Fuß streife. Er ist jetzt noch ziemlich groß, doch ihre Füße und Beine werden sehr schnell wachsen.

Normalerweise würde Gloria jetzt bei ihrer Mutter unters Gefieder schlüpfen. Das geht bei mir natürlich nicht, auch wenn ich anfangs mal kurz darüber nachgedacht habe, mir als Bürzel ein paar Gänsefedern um die Hüfte zu schnallen.

Stattdessen nehme ich sie einfach und stecke sie unter meinen Wollpulli, direkt auf die Haut. So bekommt sie viel Wärme und Geruch von mir und hält mich trotz der Wolle hoffentlich nicht für ein Schaf.

Mit dem kleinen, piepsenden Daunenball unterm Pullover laufe ich am Waldrand entlang zum Wohnwagen. Leider fällt mir in diesem Moment ein, dass ich überhaupt nicht daran gedacht habe, etwas zu essen oder zu trinken zu besorgen.

Dafür habe ich den gelben Wäschekorb, quasi das Kinderbett, schon mit Sägespänen gefüllt und ihn neben mein Bett im Wohnwagen platziert. Während ich mich auf dem Bett ausstrecke, soll Gloria in meiner Nähe, neben mir schlafen.

»Schau mal, Gloria, hier wohnen wir jetzt!«, sage ich und setze sie in das Wäschekorb-Gänsebett. Ich will mir nur schnell die Zähne putzen, bevor ich mich neben sie legen kann.

»Papa macht sich nur kurz bettfertig«, flüstere ich.

Pustekuchen!

Meine Aktion wird sofort mit herzzerreißendem Piepsen quittiert. Gloria will nicht allein im Bettchen liegen. Das kommt mir irgendwie bekannt vor. Es ist erstaunlich, welche Wirkung dieses Piepsen auf mich hat. Eigentlich ist es doch nur eine kleine Gans, die ein bisschen piepst. Eine Angehörige einer anderen Spezies, die mit meinem alltäglichen Leben im Grunde genommen wenig zu tun hat. Aber ich weiß jetzt genau: Diese kleine Gans braucht mich so, als wäre sie mein Baby. Sie verlangt nach mir. Sie will, dass ich für sie da bin. Ich *muss* für sie da sein. Und sie piepst jetzt aus einem einzigen Grund: Ich habe mich zwei Sekunden lang zwei Schritte von ihr entfernt. Wann gibt es das schon mal: Wild lebende Tiere, die einen Menschen wie eine Mutter oder einen Vater brauchen?

Ich schiebe Gloria wieder unter den Wollpulli und putze mir hastig die Zähne. Dann versuche ich es noch einmal: Ich platziere sie in dem Wäschekorb-Gänsebett, lege mich aufs Bett daneben und mache das Licht aus.

»Jetzt wird geschlafen, mein Gänsekind!«, flüstere ich.

Aber Gloria piepst und quengelt. So weit von mir weg zu sein, gefällt ihr gar nicht. Ich kann meinen Plan wohl erst einmal vergessen. Was soll es auch bringen, sie darauf zu trainieren, gleich in ihrem eigenen Bett zu schlafen? Hat man überhaupt das Recht, einer anderen Spezies Erziehungsvorschriften zu machen?

Ich seufze, beuge mich zu Gloria nach unten und setze sie auf ein weiches Handtuch neben meinen Kopf. Das Piepsen hört sofort auf. Es dauert keine fünf Sekunden, schon schlüpft Gloria vom Handtuch unter meine Bettdecke. Sie kuschelt sich an meine Brust und ist ganz ruhig. Wahrscheinlich ist sie sofort eingeschlafen.

Für mich jedoch ist an Schlaf erst mal nicht zu denken. Zu groß ist meine Angst, das kleine Küken durch eine unbewusste Bewegung zu erdrücken. Während ich daliege, kann ich gar nicht aufhören, mich zu wundern.

Am meisten erstaunt bin ich darüber, wie schnell mir das kleine Küken bereits ans Herz gewachsen ist. Dabei kennen wir uns gerade mal ein paar Stunden! Vielleicht liegt es daran, dass dieses Küken mich so dringend braucht, überlege ich. Für den modernen Internetmenschen ist das ja eigentlich neu oder ungewohnt – wir kennen es sonst nur so, dass *wir* die Natur brauchen oder die Tiere darin. Sie sollen uns alle möglichen Lebensmittel bereitstellen, sie sollen uns satt machen oder als niedliche Tiere auf YouTube rühren. Aber dass diese Tiere umgekehrt *uns* brauchen, das kennt man weniger. Dabei würde dadurch die Beziehung zwischen Mensch und Tier doch erst vollständig werden: Die Tiere brauchen uns.

Um viertel nach fünf reißt mich ein lautes »Kuckuck!« aus dem Schlaf. Was ist denn das für ein Klingeln, und wer hat hier eine verdammte Kuckucksuhr angebracht, frage ich mich schlaftrunken und reiße die Augen auf, als es mir dämmert: Es ist der ganz lebendige Kuckuck von gegenüber, der schon lange vor uns in einen Baum neben dem Wohnwagen eingezogen ist. Ich glaube, er wohnt dort sogar mit seiner Frau. Ich hatte die beiden Vögel schon vorher bemerkt, aber ich habe nicht darüber nachgedacht, dass sie mich mit ihrem Ruf aus dem Schlaf reißen könnten.

Wenn man tagsüber bei einem Spaziergang einen Kuckuck bemerkt, dann fällt einem das kleine Tier kurz auf, man betrachtet es vielleicht mit Bewunderung, hat es aber am Abend schon wieder vergessen. Nur wenn man wirklich in der Umgebung und mit den Tieren zusammenlebt, bemerkt man, was die Anwesenheit des Kuckucks eigentlich bedeutet: Er meldet sich früh am Morgen und lebt – wie alle Tiere – einen Alltag, der uns normalerweise verborgen bleibt.

Dem goldgelben Ball, der auf meiner Brust hockt und mich freudig anpiepst, gefällt der Kuckuck aber sehr gut. *Ist doch super, Papa! Ich war sowieso schon wach!,* scheint Gloria zu piepsen. Sie freut sich anscheinend über die Vogelnachbarschaft.

Meine Knochen und mein Genick fühlen sich stocksteif an, wahrscheinlich habe ich mich aus lauter Vorsicht die ganze Nacht lang nicht bewegt. Außerdem ist meine Brust voller Gänsekindermist.

Gloria dagegen wirkt total erfrischt und erkundet bereits das Bett. Ich muss aufpassen, dass sie nicht herausfällt. Ihr kleiner Schnabel ist jetzt noch relativ dunkel, später, wenn sie ausgewachsen ist, wird er orangefarben bis rötlich sein. Für eine Gans bildet der Schnabel ja Mund und Nase zugleich. Bei der kleinen Gloria sehen die beiden Nasenlöcher auf dem glänzend schwarzen Schnabel besonders süß aus. Vorne ist noch ihr Eizahn zu sehen – er sieht ein bisschen aus wie ein gelber Pickel.

Ich reibe mir die Augen und will mich ein paar Minuten ins Bad verziehen. Deshalb setze ich sie vorsichtig in den

Wäschekorb. Prompt antwortet sie mit ihrem jammernden Verlassenheits-»Tschiep-Tschiep-Tschiep!«.

Ich kann mich diesem Geräusch überhaupt nicht entziehen. Es hat auf mein Adrenalin-, Cortisol- und Oxytocinniveau im Blut die gleichen Auswirkungen wie das Weinen eines Neugeborenen auf die frischgebackene Mama.

Doch meine kurzzeitige Abwesenheit ist für so ein kleines Küken wirklich keine Kleinigkeit. Untersuchungen haben schon vor einiger Zeit ergeben, dass Küken, deren Eltern – ob Mensch oder Tier – sie zu lange allein lassen, später Verhaltensstörungen entwickeln können. Mir bleibt also nichts anderes übrig, als Gloria bei ihren ersten Erkundungen quer durch die Wohnwagenlandschaft zu begleiten. Unglaublich, wie viel Energie in dem kleinen Tier steckt und mit welcher Freude und Wachheit sie alles entdecken will! So viele Dinge, die sie noch nie gesehen hat!

Mit ihrem kleinen Schnabel stochert sie in meinen Socken herum. Den Geruch müsste sie inzwischen kennen. Dann knabbert sie am Stecker vom Ladegerät meines Laptops. Sie untersucht alles ausgiebig. Plötzlich ist sie jedoch erschöpft, sieht flehend in meine Richtung und fängt an zu trällern.

»Wiwiwiwiwi!«, macht sie.

Es ist das sogenannte Schlafträllern der Küken, ein Geräusch, das ungefähr so klingt, als würde man ganz sachte ohne viel Luftdruck in eine Trillerpfeife blasen, sodass die kleine Kugel darin nur sanft hin und her gedreht wird.

Die Küken geben ihren Eltern mit diesem Geräusch zu verstehen, dass sie müde sind und ein bisschen Ruhe brauchen. Gloria trällert also ungefähr: *Papa, leg dich hin und lass mich unter deinen Pulli schlüpfen, aber dann bitte nicht mehr bewegen. Ich bin doch noch so klein. Da kannst du mich doch nicht allein in dem hässlichen Wäschekorb schlafen lassen ...*

»Aber wir müssen noch nach den anderen Küken sehen«, wende ich ein, doch da hat sich Gloria schon entschieden. Sie schlüpft wieder unter die Decke und döst noch eine halbe Stunde lang vor sich hin, während ich, ohne schlafen zu können, nacheinander Arme und Beine abwechselnd vorsichtig schüttele und bewege, damit sie nicht ständig einschlafen.

Ich komme mir schon ganz eingerostet vor. Wie soll das erst werden, wenn neun Küken in meinem Bett mit mir kuscheln wollen?

SIEBEN KÜKEN

Gloria bekommt am nächsten Tag sechs Geschwister. Vier sind schon geschlüpft, bei den anderen ist die Schale auch schon angepickt. Nur in zwei Eiern zeigt sich noch gar keine Regung.

Bei so vielen Kindern kann man natürlich nicht mehr jedem einzelnen die gleiche Aufmerksamkeit widmen.

Ich freue mich zwar über jedes federleichte, flauschige Küken, das ich aus dem Brutautomaten hole, aber so langsam setzt schon ein Gewöhnungseffekt ein, den es ja auch bei der zweiten, dritten oder vierten Schwangerschaft geben soll. Vielleicht wird aus Gloria einmal eine zickige große Schwester, die noch im Erwachsenenalter darunter leidet, nicht immer die ganze Aufmerksamkeit zu bekommen, so wie in der ersten Nacht.

Ich stelle den Wäschekorb neben den Brutautomaten und mache die Wärmelampe daran fest. Jedes einzelne Küken nehme ich erst einmal für einige Zeit zu mir, damit sich alle Küken auf mich prägen. Dann können sie sich aber gleich zu ihren Geschwistern in den Wäschekorb kuscheln, ohne dass ihnen kalt wird.

»Servus«, sage ich, »du bist also Nummer vier« und »wiwiwiwi«. Bei den vielen Küken komme ich fast schon ein bisschen durcheinander. Wie machen das nur Eltern mit Drillingen oder Vierlingen?

Meine Anwesenheit und Zuneigung sind für die Küken gerade in diesen ersten Momenten unerlässlich. Man kann sich den Vorgang des Prägens ruhig wie den Prägevorgang einer Münze vorstellen: Er ist unumkehrbar. Wenn mich ein Küken nach dem Schlüpfen gesehen und gerochen hat, ist es für den Rest seines Lebens auf mich als Gänsevater geprägt. Man könnte auch sagen: Auf der Papa-Münze jeder einzelnen Gans ist jetzt mein Bild: Gänsemichel for president.

Inzwischen ist ein richtiges Piepsgewirr in dem Brutraum. Ich habe auch das Gefühl, dass die Küken besonders beim Klang meiner Stimme zurückpiepsen. Schließlich haben sie meine Stimme hinter der Eiwand lange genug gehört. Jetzt sehen sie auch, wie der Typ aussieht, der sie die ganze Zeit mit Nils Holgersson genervt hat.

Ein Küken macht beim Schlüpfen einen großen Satz aus dem Ei, schüttelt sich und schaut mich an. Auf dem Kopf klebt noch ein Stückchen Eischale, was sehr drollig aussieht. Ich beschließe, dieses Küken Calimero zu nennen, nach der italienischen Comicfigur, einem kleinen Küken, das auch immer mit einer halben Eischale auf dem Kopf herumläuft.

Während ich die Küken einzeln begrüße, habe ich Zeit, noch ein bisschen über die Namen nachzudenken. Calimero und Gloria, das hat gepasst. Dann gehe ich einfach nach der Liste meiner Tochter vor.

Somit heißen die nächsten fünf Gänsekinder: Nemo, Maddin, Frieda, Paula und Nils. Jedes bekommt einen anderen farbigen Ring. Damit ich die Zuordnung nicht gleich wieder vergesse, schreibe ich mir die Namen mit den entsprechenden Farben sorgfältig auf.

Ich gebe den Gänsen Namen, obwohl ich noch gar nicht definitiv weiß, welches Geschlecht die einzelnen Küken haben. Das könnte ich zwar, indem ich die sogenannte Kloake – so nennt man das bei den Gänsen, denn Harnröhre und After sind bei ihnen nicht getrennt – untersuche. Aber das ist für die Küken sehr unangenehm und schmerzhaft. Ich möchte ihnen nicht wehtun. Erst in einigen Wochen werde ich erfahren, ob es sich bei ihnen jeweils um Ganter oder Gänse handelt.

Der ganze Schlupf-, Trocknungs- und Prägeprozess verläuft ziemlich problemlos, fast schon routiniert. Ich hatte mir vorher so viel Stress und Sorgen gemacht, dass ich jetzt selbst ziemlich überrascht bin. War doch alles viel leichter, als ich dachte.

Mit ihren kleinen schwarzen Augen sehen die Gänse aus, als könnten sie solchen Stress und solchen Zweifel überhaupt nicht nachvollziehen. Sie sind einfach geschlüpft und fertig. Geht doch. Und jetzt? Wird die Welt erkundet.

Vielleicht denken die Küken: *Hast du Dämel geglaubt, wir würden das nicht schaffen? Wieso macht ihr dummen Menschen euch immer so viele Sorgen?*

Vertraut doch mal ein bisschen mehr auf die Natur!

Nils und Frieda lasse ich noch im Brutautomaten, der Rest der Gänseschar kommt an diesem Abend zu mir. Ich bringe den piepsenden Wäschekorb mit in den Wohnwagen. Storchentaxi! Äh, Gänsetaxi!

»Willkommen in unserem Spezialhotel!«, sage ich und die Küken piepsen. Ob zustimmend oder ablehnend, das kann ich nicht recht entscheiden. Allerdings kann ich mir kaum vorstellen, dass diese Bleibe ihren Ansprüchen nicht genügt.

Tatsächlich habe ich mir mit dem Wohnwagen während der letzten Wochen viel Mühe gegeben. Trotzdem ist die Einrichtung alles andere als luxuriös: Ein kleines Bett, eine winzige Nasszelle und ein elektrisch betriebener Kühlschrank stellen die einzigen Annehmlichkeiten dar.

Falls das Wetter zwischendurch schlechter wird, habe ich mir vor den Wohnwagen eine kleine Terrasse aus Europaletten gebaut. Der Unterbau besteht aus einer Sperrholzplatte, darauf stehen ein kleiner Tisch und zwei Bänke, damit ich auch bei Regen gemütlich im Freien sitzen kann, während die Kleinen draußen spielen. So ungefähr stelle ich mir das jedenfalls vor.

Direkt neben dem Wohnwagen befindet sich eine große Voliere, deren Seitenteil ich entfernt habe. So geht die Voliere praktisch direkt in den Wohnwagen über. Die Idee ist, direkt vom Schlafzimmer Kontakt zu den Gänsen zu haben. Eigentlich möchte ich, dass die Tiere nachts in der Voliere schlafen, dann habe ich in dieser Zeit wenigstens das Bett für mich.

Im Inneren der Voliere steht bereits ein sogenannter Kükenring, den einer unserer Tierpfleger extra angefertigt hat.

In den ersten Tagen ist es sehr wichtig, dass es im Raum der Küken keine Ecken gibt, sonst könnte es passieren, dass eines der Kleinen von den anderen versehentlich in eine Ecke gedrückt wird und dann erstickt. Zwar sehen die Küken schon ziemlich komplett aus, aber ihr Körper ist noch sehr empfindlich und zart. Mit der Kraft meiner Hand könnte ich sie zerdrücken.

Der Kükenring ist etwa zwei Quadratmeter groß und besteht aus sehr biegsamem Pressspanmaterial, das ein bisschen an die Rückwand eines Ikea-Schranks erinnert. Er ist so hoch, dass die Küken den Rand auch dann nicht erreichen, wenn sie schon ein bisschen größer sind und hüpfen können. Am Rand des Rings habe ich zwei Infrarotlampen und mehrere Wasser- und Futterspender montiert.

Das alles müsste für mindestens vier Federn im Gänse-Holiday-Check reichen. Für die Gänseküken gilt dabei natürlich: Mit ihrem farbigen Ring am Fuß haben sie *all-inclusive* gebucht, Vollpension mit täglichem Animations- und Ausflugsprogramm.

Kaum im Wohnwagen angekommen, wird erst einmal ausgiebig gekuschelt. Das ist mit den weichen Küken sehr schön, aber es bedeutet auch: Danach muss ich mich obenrum komplett neu einkleiden. Die Küken verdauen wie Weltmeister, und ich schaffe es kaum rechtzeitig, sie aus meinem Pulli zu holen, bevor nicht alle mindestens einmal reingekackt haben. Gänse sind ja auch keine Katzen – man kann sie zwar dazu bringen, einen Menschen als Mama anzuerkennen, aber dass sie auf ein eigenes Gänseklo gehen, das hat noch niemand geschafft.

Da der Gänsekot relativ fest und nicht sehr geruchsintensiv ist, hält sich mein Ekel in Grenzen. Aber ich möchte mir lieber nicht ausmalen, wie viel Kot sieben ausgewachsene

Gänse bald täglich in unserem Wohnwagenanwesen absetzen. Ein Glück, dass Graugänse Vegetarier sind. Inmitten von anderen Vögeln, zum Beispiel Amseln, die auch Fleisch, also vor allem Würmer essen, und deshalb einen ganz anderen Kot produzieren, wäre der Gestank wirklich nicht zu ertragen.

Ich lasse mich auf das Bett fallen, stelle den Wäschekorb daneben und schalte die Wärmelampe ein. Leider dauert es keine zwei Minuten, bis die Gänsekinder nach mir weinen, obwohl ich nur ein paar Meter von ihnen entfernt bin. Ihr Papa soll bei ihnen bleiben! »Wiwiwiwi!«

Sie beruhigen sich erst, als ich mindestens eine Hand in den Wäschekorb halte. Meinen schönen Plan, sie nachts in den Kükenring in die Voliere zu setzen, kann ich wohl vergessen.

Allesamt ins Bett können sie allerdings auch nicht. Nach einigem Hin- und-Her-Geruckel, Ausprobieren und vielen kleinen Piepslauten entscheide ich mich für folgende Lage: Ich liege im Bett auf dem Bauch und halte eine Hand in den Wäschekorb, als hätte ich im Schlaf eine Hand im Stubenwagen eines Babys. Zwar ist es sehr kuschelig, wie sich die Küken an meine Hand drücken, aber ich weiß jetzt schon, dass mir die Hand irgendwann einschlafen und höllisch wehtun wird. Deshalb reibe ich sie schon mal vorsichtshalber mit Schmerzgel ein, was die Küken überhaupt nicht stört. Hauptsache, ich oder irgendetwas von mir ist bei ihnen. Außerdem rede ich beruhigend in »gänsisch« auf sie ein. Meine erste Nacht mit fünf Küken kann beginnen.

Im Halbdunkeln beobachte ich die Küken, wie sie sich in dem Wäschekorb aneinanderkuscheln. Sie drängen sich zwar ab und zu gegenseitig von dem Körnerspender weg, aber dann wärmen sie sich gleich wieder, als wäre nichts gewesen.

Von dem piepsenden Wäschekorb geht etwas Beruhigendes aus. Ich bin froh, dass diese Lebewesen in meiner Nähe sind. So richtig kann ich mir das selbst nicht erklären. Die Tiere sind mir überhaupt nicht fremd, sondern im Gegenteil gleich sehr vertraut. Als ich im Bett liege, kommt es mir schon so vor, als fehle etwas an meiner Brust, das normalerweise dort hingehört. Seltsam. Ich bin mit Sicherheit nicht als Gänsefreund auf die Welt gekommen. Beim vorletzten Weihnachtsessen habe ich noch ohne zu zögern eine ausgenommene Gans in den Ofen geschoben. Ehrlich gesagt, war das Tier köstlich. Doch jetzt liege ich mit den Gänseküken in einem Wohnwagen im Bett und weiß genau: Sie brauchen mich – so bedingungslos und definitiv wie ein kleines Baby.

Die Anwesenheit der Küken rührt mich. Und sie erdet mich. Die Küken kennen nur einfache, grundlegende Dinge. Fressen, erkunden, kacken, schlafen und ausruhen. Mehr wollen sie nicht und mehr verstehen sie auch gar nicht. Alles, was mich normalerweise so stresst, Erwartungen von anderen, Finanzielles, Beziehungen, Verpflichtungen, Einkaufen, etc. – das alles spielt für die Küken einfach keine Rolle. Vielleicht, denke ich, während meine Hand schon zu schmerzen beginnt, muss sich Liebe ja nicht notwendigerweise zwischen zwei Menschen abspielen, sondern ist etwas, das ganz generell mit unserer Existenz und dem Aufgehobensein in der Natur zu tun hat. Dann sehe ich plötzlich einen Hund mit einem goldgelben Fell, mich ganz allein in der Luft und mehrere Gänse gefährlich nah am Flugzeugpropeller, und dann bin ich auch schon eingeschlafen.

Ich werde von Liebesschwüren in einer unglaublichen Lautstärke geweckt. Es sind Herr und Frau Kuckuck, die sich gegenseitig von einem Baum zum anderen anhimmeln. Können die ihre Empfindungen nicht für sich behalten oder sich nicht wenigstens nebeneinander auf *einen* Baum hocken und sich das Zeug einfach ins Ohr flüstern? Am liebsten würde ich mir den großen Wasserschlauch greifen und den beiden eine ordentliche Morgenwäsche verpassen.

»Ihr haltet euch wohl für zwei Hähne oder was?«, rufe ich etwas ärgerlich nach draußen. Nicht, dass ich grundsätzlich etwas gegen den Kuckuck habe. Aber kann der nicht etwas länger schlafen? Ist das zu viel verlangt?

Für die Gänseküken ist der Kuckucksruf aber offenbar der Anlass für eine Riesensause. Sie piepsen aufgeregt und können es gar nicht erwarten, bis ich mich ihnen zuwende. Es ist zwar gerade mal Viertel nach fünf, aber mir bleibt kaum etwas anderes übrig, als aufzustehen. Das kenne ich auch noch von meinen Kindern, als sie ganz klein waren. Ich ziehe mich an, klemme mir eine Isomatte unter den Arm und marschiere nach draußen vor den Wohnwagen auf die Wiese.

Und was machen die Küken? Sie trippeln instinktiv im Gänsemarsch hinter mir her. Und zwar ordentlich in Reih und Glied. Sie können das und wissen es, obwohl es ihnen niemand gezeigt hat. Ich jedenfalls nicht.

Ich bin sehr froh, dass die Prägung auf mich so gut funktioniert hat. Sie gehen wie in einem Bilderbuch-Gänsemarsch hinter mir her. Keines der Tiere macht Anstalten, sich von der Gruppe zu trennen und allein auf die Wiese zu laufen – ein sehr sinnvoller und lebensnotwendiger Instinkt. Das hat die Natur wirklich clever gelöst, denn der Verlust der Gruppe wäre für ein einzelnes Individuum in der freien Natur quasi ein Todesurteil.

Draußen erkunden die Küken den Geschmack von frischem Gras und toben sich aus, während ich auf der Isomatte sitze. Um einen großen, starren Grashalm mit dem Schnabel abzureißen, besitzen die Küken allerdings noch zu wenig Kraft. Das ist aber nicht schlimm – es wird ihnen bald gelingen, und von dem Dottersack, den sie beim Ausschlüpfen eingezogen haben, können sie noch ungefähr zwei Tage überleben.

Sie probieren aber immerhin schon ein bisschen von dem Gras und misten auch gleich einen Teil der Wiese voll. Dann werden sie schlagartig müde, fangen allesamt an zu trällern und schlüpfen unter meinen Pulli. Mit den Küken auf der Brust – sie fühlen sich an wie ein bewegliches, wärmendes Daunenkissen – mache ich mich auf den Weg zurück in den Institutskeller.

»Wir müssen ja noch die anderen beiden Racker abholen«, erkläre ich.

Tatsächlich begrüßen mich Frieda und Nils mit einem lautstarken Piepsen und gesellen sich bereitwillig zu den anderen in meinem Pulli.

Die Küken an meiner Brust fühlen sich schon irgendwie seltsam an. Der ganze Pulli piepst und flattert, und ich komme mir ein bisschen vor wie ein Zauberkünstler, der aus jedem Ärmel zwei Küken hervorholen kann.

Leider muss ich feststellen, dass die beiden restlichen Eier keinerlei Veränderung aufweisen. Ich lausche und beobachte eine halbe Stunde lang, ob ich das kleinste Lebenszeichen wahrnehmen kann. Doch in den Eiern bleibt es ganz still. Also beschließe ich schweren Herzens, diese Eier aus der Schlupfhorde zu nehmen und sie bei uns in den Garten auf den Kompost zu legen. Leider kann ich sonst nichts tun. Wenn sie es bis jetzt nicht geschafft haben, aus dem Ei zu schlüpfen, dann wird es ihnen auch in den nächsten Tagen nicht gelingen, und ich könnte ihnen auch nicht helfen, indem ich das Ei von außen aufpicke. Leider ist es nichts Außergewöhnliches, dass ein gewisser Teil der Küken den Schlupf nicht schafft und bereits im Ei verstirbt.

Am Nachmittag stelle ich ein kleines Bassin in die Voliere, was bei den Küken ungeahnte Begeisterung auslöst. Wie um seinem Namen alle Ehre zu machen, springt Nemo als Erster tollkühn ins Wasser und taucht seinen kleinen Kopf sofort ein. Ich weiß nicht, wo er all das gelernt haben soll. Er kann es einfach. Obwohl er kaum zwei Tage alt ist. Er braucht keinen Schwimmkurs und keine langsame Gewöhnung an das nasse Element. Ich muss ihm auch nicht erklären, wie er sich darin bewegen soll, was darin anders ist, als an Land. Nemo springt einfach rein.

Es dauert nicht lange, bis alle sieben Gänsekinder fröhlich im Wasser tollen, planschen und tauchen. Kaum zu fassen! Gerade eben waren diese lebenslustigen Entdecker noch reglose weiße Eier.

In der zweiten Nacht sollen die Küken zum ersten Mal allein in ihrer Voliere im Kükenring schlafen. Damit sie mich nicht zu sehr vermissen, lege ich ein T-Shirt von mir als Schlafplatzunterlage auf die Holzspäne in den Ring. Ich habe es in den letzten Tagen fast andauernd getragen – es riecht also unverkennbar nach *Micha Moschus*. Ich kontrolliere mehrmals die Bodentemperatur und hänge eine zweite Wärmelampe auf, falls die erste kaputtgehen sollte. Nicht auszudenken, was passieren könnte, wenn die Kleinen eine ganze Nacht ohne Wärme wären.

»Seht mal«, sage ich, »hier, wiwiwiwi, könnt ihr schlafen!« Die Gänsekinder erscheinen zunächst sehr interessiert, als ich sie in ihr neues Kinderzimmer setze. Sie schauen sich neugierig um. Diesen Augenblick nutze ich, um mich vorsichtig aus dem Staub zu machen. Sofort erinnere ich mich daran, wie es war, als meine Kinder noch kleiner waren, endlich einschliefen und ich mich auf Zehenspitzen ins nächste Zimmer davonstehlen wollte.

Natürlich dauert es keine fünf Minuten, bis die Küken mit lauten »Wiwiwiwi«-Rufen protestieren. Doch diesmal lasse ich mich nicht rumkriegen. Ein bisschen Konsequenz kann ja nicht schaden. Ich stehe nicht auf, sondern schaue nur aus dem Fenster des Wohnwagens und schnattere ihnen ein kurzes »Wiwiwiwiwi«, in möglichst beruhigendem Tonfall, zurück.

Mein Plan geht auf: Beim Anblick meines Gesichts und dem Geräusch meiner Stimme verstummen die Gänserufe.

Bleibt das Problem, wie ich jetzt selbst an etwas zu essen komme. Das ganze Geschnatter hat mich nämlich ziemlich hungrig gemacht. Ich grüble eine Weile herum und stelle mir vor, wie ein Pizzalieferant auf meine Behausung und die Gänse reagieren würde. Wahrscheinlich gar nicht groß, denn der hat bestimmt schon alles gesehen.

Oder soll ich, um wirklich zum Gänsepapa zu werden, doch mal die Körner probieren, die Gänsen bereits so gut schmecken?

Obwohl ich weiß, dass es zwecklos ist, mache ich noch mal den kleinen Kühlschrank auf und schrecke vor Freude zurück. Unser Hausmeister Heinrich aus dem Institut hat mir ein großes Käsesandwich dagelassen und sogar einen Zettel dazugeschrieben: »Für den Gänsemichel! Damit du nicht doch Appetit auf die Gänse bekommst!«

Ein Glück! Ich kann es mir also gut gehen lassen. Ich schnappe mir das Sandwich und schleiche auf Zehenspitzen nach draußen auf die selbst gebaute Terrasse.

Der Himmel ist noch immer wolkenlos, und es ist hier ganz still. Die Sonne versinkt langsam hinter dem Wald, taucht den Futterhafer auf dem Feld gegenüber in ein goldenes Licht und ein wohliges Gefühl von Frieden breitet sich in meinem Kopf aus. Es fühlt sich an, als ob alles gut ist. Eine Emotion, die ich lange vermisst habe.

Mir wird bewusst, dass wir den ersten großen Meilenstein geschafft haben. Die Gänsekinder sind ohne größere Zwischenfälle aus ihren Eiern geschlüpft. So einfach war das! Anscheinend kann die Natur das meiste von selbst.

Bevor ich jedoch ganz sentimental werde, schnappe ich mir noch Rechen und Schaufel. Die paar Küken haben locker ihr Körpergewicht in Form von Gänsemist in meinem Vorgarten hinterlassen. Wer das wegmacht, ist denen natürlich egal. Warum auch nicht – der Hausmeister mit dem schafigen gänsekackgrünen Pulli ist ja immer vor Ort!

ERSTES BAD

Für einen Spaziergänger sieht es von Weitem wahrscheinlich komisch aus: Da geht ein erwachsener Mann einen Feldweg entlang, gestikuliert mit den Händen, trötet grundlos mit einer Hupe herum, ruft Namen von irgendwelchen Comicfiguren und stößt dabei auch noch seltsame Laute aus.

»Calimero! Wiwiwiwi! Nemo! Gagagaga!«

Aber das bin nur ich mit den kleinen Gänsen. Wir marschieren ganz normal einen Weg entlang – wie Gänse das eben so machen. Wir sind unterwegs auf unserem ersten längeren Spaziergang, und ich will den Gänsen ein wenig von der Umgebung zeigen. Auch das ist eine wichtige Aufgabe einer Gänsemutter: Ihren Kindern einen Überblick über die Gegend zu verschaffen, in der sie leben. Für eine Gänsemutter ist diese Erkundung sogar noch sehr viel wichtiger als für uns – schließlich existieren für sie überall Hindernisse und Gefahren, vor denen ich die Gänse immerhin teilweise beschützen kann: Straßen, Menschen, Hunde, Häuser und alle möglichen Fahrzeuge. Sie zeigt ihren Küken bei den ersten Erkundungen, wo es sicher für sie ist, wo sie aufpassen müssen und wo sie auf gar keinen Fall hindürfen.

»Gänse! Wir sind gleich da!«, rufe ich.

Ich habe mich bereits daran gewöhnt, mit den Gänsen ganz normal zu sprechen, bzw. für sie meine Aktivitäten zu kommentieren und zu erläutern – ungefähr so, wie man es vielleicht mit einem Haustier macht oder mit einem ganz kleinen Baby. Ich weiß natürlich, dass sie mich nicht verstehen können, doch wenn ich nichts sagen würde, wäre das noch komischer. Dann müsste ich, um die Gänse anzutreiben, immer nur mit den Händen fuchteln, als wäre ich taubstumm.

Die Küken watscheln hinter mir her und halten dabei ihre kleinen, noch gar nicht entwickelten, aber flauschigen Flügelansätze manchmal schräg nach oben, was zugleich komisch und süß aussieht.

Meinen anfänglichen Plan, jetzt auch wie eine zu groß geratene Gans zu watscheln, habe ich allerdings, nachdem ich mich fast in den Matsch gelegt hätte, schnell wieder verworfen. Ich will mich auch nicht bei den Küken anbiedern, sondern lieber ein authentischer, wenn auch menschlicher Gänsevater sein, deshalb schlendere ich einfach ganz normal vor den Gänsekindern her und genieße ihre putzige Gesellschaft. Sie kommen mir so aufmerksam und zutraulich vor! Immer gibt es etwas für sie zu sehen, und alles finden sie interessant: Die kleinen Halme der Gräser, die Ameisen, die in Kolonnen unseren Weg kreuzen, den Strunk des Schilfs, das bereits am Wegrand wächst und den Kies, der aussieht wie dunkles Korn.

Allerdings watscheln sie nicht die ganze Zeit im gleichen Tempo, sondern bleiben ab und zu etwas zurück und schließen dann, mit den Flügelansätzen flatternd, schnell wieder zu mir auf.

Wir gehen und watscheln einen kleinen, vom letzten Regen noch ziemlich feuchten Feldweg entlang, der am Ende zu einem idyllischen See mit einem Badesteg führt. Links von uns liegt ein Maisfeld, rechts eine wilde Wiese mit Gräsern, die schon ziemlich hochgewachsen sind. Im Sommer wird die Wiese rot sein von den Mohnblüten, und es wird summen, als gäbe es hier einen riesigen Marktplatz für die Insekten.

Der See ist kaum einen Kilometer von unserem Wohnwagen entfernt. Dort baden nur selten Leute, vor allem bei diesem durchwachsenen Wetter – wir werden also ziemlich ungestört sein. Bei unseren ersten Badeversuchen möchte ich so wenig Ablenkung wie möglich. Allerdings müssen wir die Strecke zu Fuß, bzw. zu Flossen bewältigen.

Ich laufe langsam rückwärts, so kann ich vor den Gänsen gehen und sie gleichzeitig beobachten. Die kleinen Küken sehen sich alle sehr ähnlich – sie sind gelb und flauschig. Aber ich stelle bereits erste Vorlieben und Unterschiedlichkeiten bei ihnen fest.

Nemo hat sich zum Beispiel zu einem richtigen Wasserküken entwickelt – vielleicht hat ihn der Name tatsächlich geprägt! Er war gestern am längsten in dem Bassin und ist dort als Erster mit dem Kopf untergetaucht. Auch jetzt ist er ganz versessen auf jede noch so kleine Regenpfütze. Mit Anlauf springt er in alle hinein. Wenn wir weitergehen, ohne ihm genug Zeit für die Pfütze zu geben, dann piepst er und freut sich, wenn wir stehen bleiben. Genau wie mein Sohn, denke ich. Der konnte in einem bestimmten Alter auch keine Pfütze auslassen. Egal, ob er Gummistiefel trug oder nicht.

Nemo hat außerdem noch eine zweite Vorliebe: Er betätigt sich nebenberuflich als mein Zahnarzt – wenn ich mit den Küken auf der Wiese liege, dann untersucht er besonders gern mit seinem Schnabel den Innenraum meines Rachens. Ich weiß nicht, ob er mich für einen Hamster hält, der in der Backe noch Körner gebunkert hat, aber besonders angenehm sind seine Untersuchungen nicht. Zum Glück musste er noch nicht bohren.

Calimero passt hingegen charakterlich nicht so richtig zu seinem etwas trotteligen Namensvetter, natürlich hat er auch kein schwarzes Daunenkleid. Vielleicht glaubt er immer noch, einen Eierschalenhelm auf dem Kopf zu tragen und deshalb unverwundbar zu sein. Er ist jedenfalls der Draufgängerischste von allen. Kollisionen mit den anderen machen ihm wenig aus, ja, er scheint sie richtig zu suchen. Vielleicht wäre Rambo für ihn der passendere Name gewesen.

Immerhin ist sich Calimero seiner Rambo-Qualitäten bewusst: Zusammen mit Nemo hat er so etwas wie die Aufpasser- und Beschützerrolle übernommen. Nemo und Calimero verteidigen den Wohnwagen gegen Eindringlinge. Als unser Hausmeister Heinrich vorhin noch mal mit einem Sandwich vorbeikam, stürmten die beiden wie kleine Tyrannosaurier-Gänse mit gesenkten Köpfen auf ihn los, stellten den Eindringling und rissen an seinen Hosenbeinen. Heinrich konnte sich gerade noch mit einem beherzten Sprung über den Lattenzaun retten.

»Was hast du denn da für Killergänse herangezüchtet?«, rief er mir zu, musste dann aber selber lachen.

Anders als Menschen lassen die Gänse nicht andere ihre Drecksarbeit erledigen: Als Anführer der Gruppe ist sich Nemo keinesfalls zu schade dafür, seinen Schnabel an vorderster Front in den Sturm zu halten.

Paula und Nils sind bisher die Rangniedersten – sie werden nicht von Nemo nach vorn geschickt, sondern eher beschützt. Allerdings müssen sie deshalb auch beim Baden im Bassin warten: Sie dürfen erst als Letzte herein. Paula und Nils haben in der Gruppe nicht viel zu vermelden, das bedeutet aber auch, dass ihr Leben in den unteren Rängen ziemlich ruhig verläuft. Sie müssen diese unterste Position nicht mehr – wie die Bosse Nemo, Calimero und Gloria – gegeneinander verteidigen und können sich deshalb auch besonders gut auf mich einlassen. Wenn Calimero und Nemo sich anpiepsen, wendet sich Paula einfach mir zu. Sie vertraut mir völlig und würde am liebsten den ganzen Tag kuscheln.

Die dickköpfigste Gans ist Frieda. Sie interessiert sich gar nicht für die Pfützen auf dem Weg und hat auch keine Lust, mit Nemo darin zu planschen. Für sie ist es viel wichtiger, ihren eigenen Kopf durchzusetzen. Sie hält sich als einzige oft ein wenig abseits von den anderen.

Man kann tatsächlich von Gänsepersönlichkeiten sprechen, denn die Gänse sind sehr unterschiedlich in ihrem Verhalten. Wieso fällt uns das sonst so selten auf? Wieso sprechen wir immer nur von *den Gänsen* oder *den Hühnern,* als wären die Tiere alle gleich? Ist eine störrische, widerspenstige Gans wie Frieda einem störrischen, widerspenstigen Huhn nicht vielleicht viel ähnlicher, als einem braven, folgsamen Artgenossen? Während ich noch darüber nachdenke, bemerke ich, dass Frieda wieder einmal aus der Reihe tanzt. Sie watschelt seelenruhig von den anderen Gänsen weg und auf die Wiese zu. Das ist die Gelegenheit, meine Ballhupe auszuprobieren, die ich die ganze Zeit in der Hand halte. Ich drücke den schwarzen Ball einmal kräftig, und es trötet übers Feld. Die Wirkung ist durchschlagend! Frieda nimmt sofort ihren Kopf hoch, rast mit angehobenen Stummelflügeln wie ein Kükenblitz hinter uns her und schließt sich der Gruppe sofort wieder an. Die Prägung mit der kleinen Hupe hat also bestens funktioniert!

Ich benutze die Tröte während des Spaziergangs noch einige Male – mehrmals für Frieda, die sich einfach nicht anpassen will. Jedes Mal kommt sofort Disziplin in meine Gänsefamilie – kaum erklingt das Tröten übers Feld, rasen die kleinen Küken zu mir. Schade, überlege ich, dass es so etwas Ähnliches nicht auch für kleine Kinder gibt. Dann müsste man nur vor dem Babybauch ein Geräusch wiederholen, und schon hätte man selbst den wildesten Bengel später im Griff! Hoffentlich hat die Prägung auch mit dem Propellergeräusch so gut geklappt.

Ich bin erstaunt, dass die Gänse mir auf dem Feldweg nicht entwischen. Gelegenheit dazu hätten sie, trotz meiner Ballhupe, genug. Das Gras ist bereits so hoch, dass ich sie, wenn sie nur mehr als ein paar Meter davonhüpfen würden, kaum noch wiederfinden könnte. Ihr braungelbes Federkleid wirkt in dem Unterholz eben nicht wie ein glänzendes neongelbes Signalschild, sondern bietet eine gute Tarnung.

Es könnten sich auch einfach zwei Küken dazu entschließen, in entgegengesetzte Richtungen davonzulaufen. Ich hätte kaum eine Chance, sie beide gleichzeitig wieder einzufangen, geschweige denn vier Küken, die in alle Himmelsrichtungen verschwinden. Aber dazu macht kein einziges Küken ernsthaft Anstalten. Sie laufen mir freiwillig hinterher. Die Küken scheinen mir zu vertrauen, sie spüren, dass sie zu mir gehören.

Ich muss sie auch nicht ständig zum Weiterspazieren antreiben. Sie scheinen die Bewegung von sich aus zu genießen und sind weit davon entfernt, sich schreiend auf den Boden zu werfen wie ein quengeliges Kleinkind. Kein Küken fiepst: »Papa, wiwiwiwi lange dauert es noch? Wann sind wir da?«

7 Dinge, die Gänseküken von ganz alleine können
Gänsemarsch
Herzzerreißend nach ihrem Papa piepsen
In ein Bassin hüpfen
Aufeinander achten
Die Wiese mit dem leckersten Gras wiedererkennen
Schlafträllern
Sich so ankuscheln, dass es für Papa besonders unbequem ist

»Da wären wir also«, sage ich, als wir schließlich am Badesteg stehen. Ich meine, ein aufgeregtes Piepsen beim Anblick des Wassers zu vernehmen. Der See ist nicht besonders groß, doch für so ein kleines Gänschen, das bisher nur ein Bassin gesehen hat, muss die Masse an Wasser schon ziemlich beeindruckend sein. Allerdings macht mir die Wassertemperatur zu schaffen, sie liegt bei kaum 14 Grad.

Während die Gänse unweit vom Ufer einen kleinen Grasimbiss zu sich nehmen, zwänge ich mich in den Ganzkörperneoprenanzug. Mir kommt es vor, als würden sie schon mit den Flossen scharren, weil sie es kaum erwarten können, endlich in einem richtigen See zu schwimmen.

Mach' schon, Alter, wir wollen rein!
In was für 'ne Haut steigt der denn?
War die Robbe da vorn nicht eben noch unser Papa?

Bevor ich einen Fuß im Wasser habe, ist Nemo bereits drinnen. Er hüpft einfach in den Teich und schwimmt dicht am Ufer hin und her.

Die anderen Küken sind aber noch nicht so forsch. Sie warten in einem Knäuel am Uferrand, bis der werte Herr Papa den ersten Schritt ins kühle Nass wagt. Es kostet mich trotz Gummihülle einige Überwindung.

Doch kaum bin ich im Wasser, stürzen sich Nemos Geschwister wie die Wilden hinein und fangen an zu toben, zu planschen und zu tauchen, dass es nur so eine Freude ist. Dabei bleiben sie in meiner Nähe und stupsen mich immer wieder mit ihren feuchten Schnäbeln an. Mein Kopf ist umringt von sieben schnatternden Federbällchen voller Lebensfreude. Die Kleinen probieren sich in dem neuen Element aus, schlagen mit ihren Stummelflügeln und prusten mit ihren Schnäbelchen.

Nichts von alledem habe ich ihnen beigebracht. Wie naiv von mir, dass ich dachte, ich müsste den Gänschen das Schwimmen erst mühsam antrainieren! Ich begleite sie nur. Ich bin dabei, ich zeige ihnen, dass man schwimmen *kann*. Etwas auszuprobieren und etwas zu können ist bei den Gänsen fast das Gleiche. Aber trauen müssen sie sich schon.

Ist das nicht, überlege ich, während es um mich herum schnattert und platscht, bei uns Menschen ähnlich? Sind wir nicht manchmal viel zu vorsichtig mit unseren Kindern, wollen sie vor allen möglichen eingebildeten Gefahren beschützen und verhindern dadurch mehr, als wir ermöglichen? Entwickeln sich kleine Kinder nicht eigentlich auch fast wie von selbst, einfach durch Teilhabe am Leben der Erwachsenen? Oder ist das bei Menschen grundsätzlich verschieden? Aber warum halten wir uns dann für die am weitesten entwickelten Geschöpfe auf der ganzen Welt, wenn wir 18 Jahre brauchen, um halbwegs selbstständig zu werden, während Graugänse, die kaum ein paar Tage alt sind, bereits schwimmen, planschen, tauchen, toben und in einer perfekten Reihe hintereinander watscheln können?

Nemo fieselt mit seinem Schnabel an meiner Neoprenschulter herum, und da fällt mir ein, dass die Gänse am Anfang noch nicht zu nass werden dürfen. Denn eins fehlt mir als Gänsepapa: Ich habe definitiv keine Bürzeldrüse. Diese Drüse ist für Gänse und viele andere Vögel besonders wichtig – sie befindet sich am unteren Rücken, oberhalb des Ansatzes der Schwanzfedern. Sie sondert ein öliges Sekret ab, das die Tiere beim Putzen gezielt mit dem Schnabel aufnehmen und über ihr Federkleid verteilen. Damit fetten sie täglich die Federn ein und halten sie wasserdicht – wegen dieser ständigen

Einfettung perlt das Wasser bei Gänsen so schön vom Gefieder ab.

Die kleinen Küken besitzen diese Drüse zwar auch schon im Ansatz, aber sie funktioniert bei ihnen noch nicht richtig. Dennoch beherrschen sie die entsprechende Bewegung bereits: Mit den Schnäbelchen fahren sie immer wieder dorthin, wo ihre noch funktionslose Bürzeldrüse sitzt und streifen das Sekret scheinbar in ihrem Gefieder ab. Auch das habe ich ihnen natürlich nicht gezeigt – ich würde es mit meinem Schnabel niemals bis zu meinem Bürzel schaffen –, anscheinend ist diese Bewegung bereits in ihrem genetischen Programm enthalten.

Normalerweise fetten sich die kleinen Küken das Gefieder beim Schlüpfen unter den Bürzel der Mutter ein. Bei dem Bassin hatte ich zwar versucht, diesen Effekt mit meinem Schafwollpulli nachzuahmen, doch ohne Erfolg. Das Wasser perlt an den Küken noch nicht richtig ab.

Deshalb muss ich mit längeren Schwimmausflügen erst mal vorsichtig sein. Würden die Küken zu nass, könnten sie trotz der Daunen unterkühlen. Also steige ich kurzerhand aus dem Wasser und breche unseren kleinen Badeausflug ab.

Die Gänschen folgen mir, ohne zu meckern, ans Ufer. Dort tröte ich mit der Hupe, doch das wäre gar nicht nötig gewesen. Sie schütteln die Tropfen mit einem Zittern aus ihren Daunen, als hätte man in ihnen plötzlich einen Motor angestellt. Auf dem Weg zurück sieht das Gefieder der Küken besonders weich und wuschelig aus, wie bei kleinen Kindern, die geföhnt und ein wenig erschöpft aus dem Schwimmbad kommen.

»Na, wiwiwiwi fandet ihr den See, Gänse?«, frage ich und muss über mich selber lachen. »Das machen wir bald wieder, oder?«

Ich frage noch einiges mehr, aber die Gänse antworten natürlich nicht. Sie watscheln nur ordentlich hinter mir her und piepsen vor lauter Freude.

IHR MACHET SACHE!

Die Zeit vergeht, und die Gänse wachsen in einer Affengeschwindigkeit. Schon bei meinen Menschenbabys kam mir das Tempo der Veränderung erstaunlich vor, aber die kleinen Küken übertreffen alles. Kurz nach dem Ausschlüpfen haben sie nur ungefähr 150 Gramm gewogen, nach ein paar Tagen hat sich ihr Gewicht schon verdreifacht. Das ist, als würde ein Baby, das bei der Geburt drei Kilo gewogen hat, nach einer Woche schon so viel wiegen wie ein anderthalbjähriges Kind.

Menschen sind wahrscheinlich die einzigen Lebewesen auf dem Planeten, die es sich leisten können, für ihr Aufwachsen so lange zu brauchen. Klar – Babys und Kleinkinder haben keine natürlichen Feinde und müssen keine Angst haben, noch vor der Pubertät von einem Marder gefressen zu werden. Gänseküken hingegen sind eine leichte Beute für alle möglichen tierischen Räuber.

In den letzten Tagen bin ich ganz in die Gänsewelt eingetaucht und beginne immer mehr, meine Umgebung mit den Augen der Gänse zu betrachten. Meine E-Mails habe ich schon seit einigen Tagen nicht mehr gecheckt und in meinem Zeitgefühl kommen dringende Termine gar nicht mehr vor. Vom Wohnwagen aus ist der Stress der Stadt ziemlich weit weg.

Erstaunlich, wie schnell das geht, aber für mich haben jetzt andere Dinge Priorität: Auf die Gänse achten, ausruhen, kuscheln, das Wetter und das Gras auf der Wiese.

Wir machen jeden Tag kurze Ausflüge. Oft watscheln wir zum See, oft drehen wir aber auch nur eine Runde über die Wiese und am Wald entlang, vorbei an dem kleinen, burgartigen Schloss, in dem eine sehr freundliche Baronin und ihr Gemahl leben. Hier in der Gegend gehört den beiden viel Land.

Auf einer ihrer Wiesen beginnt für mich eine tägliche *Gänsemeditation*. Ich konzentriere mich dann einzig und allein auf die kleinen Küken und bin vollständig mit ihren Bedürfnissen beschäftigt. Aber gerade dadurch entsteht in mir ein merkwürdiges, beruhigendes Gefühl der inneren Freiheit. Indem ich die Welt mit den Augen der Gänse betrachte, kann ich mich von mir selber lösen.

Für eine Gans sieht die Welt ganz anders aus, als für einen Menschen. Vieles, was für uns Menschen wichtig und alltäglich ist, nimmt eine Gans gar nicht wahr. Dagegen haben andere Dinge, die uns nebensächlich erscheinen, für Gänse eine ganz entscheidende, sogar lebenswichtige Bedeutung.

7 Dinge, für die sich Gänse überhaupt nicht interessieren
Weltpolitik
Coolsein

Shoppen
Adelstitel
Ob wir bei Regen oder bei Sonne spazieren
Mein Gelaber
Wer ihren Mist wegmacht

Wenn wir unterwegs sind, habe ich immer einen kleinen Rucksack mit dem Nötigsten dabei: Die Ballhupe, eine Isomatte und ein bisschen was zu essen. Für die Gänse muss ich natürlich keinen Proviant mitnehmen, für sie steht ein reichhaltiges Picknick auf jeder Wiese bereit.

Inzwischen nenne ich die Gänse: meine Kids. Ob das übertrieben oder seltsam ist, kann ich nicht mehr so richtig beurteilen. Es ist mir aber auch egal. Überhaupt sehe ich inzwischen einige Dinge gelassener.

Die Gänse sind bereits derart fixiert auf meine Tröte, dass ich sie gar nicht mehr benutzen muss. Es reicht mittlerweile aus, wenn ich sie in die Hand nehme und loslaufe. Dann kommen sie sofort aus allen Winkeln angewetzt und stehen in Reih und Glied hinter mir.

Während unserer Spaziergänge habe ich mir angewöhnt, immer wieder »Gänse, komm! Gänse, komm!« zu rufen, um die Gänse auf mich aufmerksam zu machen, wenn sie von den vielfältigen Eindrücken des Feldwegs – alle möglichen Kräuter, Blumen, Gräser und Käfer – abgelenkt sind. Manchmal rufe ich fünf oder zehn Mal hintereinander: »Gänse, komm!«, sodass es sich anhört wie: Gänsekom, Gänsekom – als wäre ich ein Vertreter für einen tierischen Mobilfunkanbieter. *Gänsekom – alles was Sie wieder mit der Natur verbindet.*

Oft laufen wir an einem Bach vorbei, und dann wollen die Gänse unbedingt Rast machen. Sie lieben es, kleine Fress-, Kuschel- und Schlafpausen einzulegen. Nemo ist natürlich der Erste. Mit einem mutigen Sprung von der kleinen Brücke stürzt er sich ins Wasser und fetzt den Bach hoch und runter, dass es nur so spritzt. Auch die anderen Gänslein lieben das Wasser, aber sie trauen sich nicht, direkt von der Brücke zu springen, müssen sich also erst einen Weg die Böschung hinab über Stock, Springkraut und Steine suchen.

Der Kies, auf den sie dabei treten, stört sie dabei kaum. Es ist faszinierend, wie widerstandsfähig die Schwimmhäute der kleinen Gänse sind. Wenn ich sie anfasse, fühlen sie sich ganz zart, weich und verletzlich an. Trotzdem überstehen sie mühelos den Gang durch scharfkantiges Gelände. Beim Hinterherkraxeln zum Bach sind ihnen außerdem die kleinen Krallen an ihren Flossen behilflich.

Unten stürzen sich die Küken sofort ins kalte Nass und gründeln, gegen die Strömung schwimmend, mit ihrem Schnabel nach Wurzeln im Sand.

Ich sitze währenddessen auf der Brücke und lasse die Füße ins Wasser baumeln. Die Gänse verstehen das als Einladung und knabbern an meinen Zehen. Mittlerweile haben sie richtig Kraft im Schnabel, deshalb ist das Knabbern manchmal etwas unangenehm. Gänse besitzen keine einzelnen Zähne, sondern mehrere Zahnleisten, darin sind die einzelnen Zähnchen wie die Zinnen einer Burgmauer zusammengefasst. Mit diesen Leisten lässt sich das Gras besser abreißen.

In der Art, wie die einzelnen Gänse an meinen Füßen knabbern, zeigt sich ihre charakterliche Verschiedenheit. Calimero ist zum Beispiel ein richtiger Grobian und missbraucht meinen großen Zeh gern als Beißring. Paula hingegen knabbert ganz vorsichtig und mit zärtlicher Neugierde daran. Nemo interessiert sich gar nicht für meine Füße, sondern rast lieber wie ein Torpedo durchs Wasser.

Frieda bleibt oft etwas abseits und knabbert am jungen Gras. Seit sie geschlüpft ist, wirkt sie sehr introvertiert und unsicher auf mich. Obwohl die anderen Gänse sie nicht ausgrenzen, hat sie offenbar Schwierigkeiten, sich der Gruppe aus vollem Herzen anzuschließen. Allerdings hat sie einen engen Vertrauten – Maddin, der oft zwischen Frieda und den restlichen Gänsen zu vermitteln scheint. Auch Maddin ist nicht ganz so sehr wie die anderen Gänse auf mich fixiert und muss nicht ständig mit mir kuscheln. Er sieht immer ein bisschen skeptisch aus, als wolle er sagen: *Soll der Typ sich seine blöde Tröte doch sonst wohin stecken. Verdammte Prägung!*

Während ich noch über die Persönlichkeit der einzelnen Gänse nachsinne, sehe ich gerade noch Gloria hinter der nächsten Bachbiegung verschwinden. Sie hat sich abtreiben lassen!

»Gloooria!«, rufe ich. »Gloooooria!«

Keine Reaktion. Ich nehme die Hupe und tröte drei Mal ganz laut. Keine fünf Sekunden später höre ich Wasser spritzen und kleine Flügel auf der Wasseroberfläche aufschlagen. Wie eine ausgewachsene Wasserstarterin fegt Gloria den Bach hoch. Wahrscheinlich war sie so sehr von allerhand neuen Eindrücken absorbiert, dass sie gar nicht gemerkt hat, wie weit sie sich von der Gruppe entfernt hat. Nils begrüßt die Ausreißerin mit intensivem Schnäbeln – ein Zeichen großer Zuneigung. Er ist ebenso froh wie ich, dass *seine* Gloria wieder bei ihm ist.

Nils ist das kleinste und auch das leichteste Gänsekind. Sein Flaum hatte nach dem Schlüpfen eine etwas dunklere Gelbnuance. Er fällt in der Gruppe nie auf, sondern ist oft einfach nur da, macht alles mit und hält sich ansonsten an seine größte Schwester Gloria.

Dass wir eine Familie sind, ist auch für die Gänse wichtig, denn sie sind untereinander sehr sozial. Man könnte fast sagen: Jeder achtet auf jeden. Das Bedürfnis, Teil einer Gruppe zu sein, scheint in den Gänsen von Geburt an tief verwurzelt zu sein.

So sitzen wir als kleine Gänsefamilie manchmal stundenlang am Bach oder am See. Wenn es nach den Gänsekindern ginge, könnten wir ruhig den ganzen Tag hier verbringen, im Gebüsch oder Dickicht vor dem Wasser. Manchmal schlafen die Küken sogar auf dem Wasser, obwohl sie normalerweise meine direkte Nähe bevorzugen. Erstaunlicherweise ist auch das in ihrem genetischen Programm enthalten: Sie schlafen nur in der Mitte des Sees, wenn die Strömung nicht zu stark ist. Für eine Gans in freier Wildbahn wäre ein Nickerchen in der Nähe des Ufers viel zu gefährlich: Marder, Füchse und andere Tiere könnten sich die Küken leicht vom Land aus schnappen.

Doch selbst in der Mitte des Sees sind kleine Graugansküken nicht immer sicher: Es kommt sogar vor, dass Hechte von unten angreifen und ein kleines, schmackhaftes Küken in die Tiefe ziehen. Ich weiß nicht, ob es in unserem See wirklich Hechte gibt, aber ich halte mich im Neoprenanzug trotzdem lieber dicht bei ihnen, während die Gänschen wie süße, sehr realistische Tierattrappen fast bewegungslos auf der Wasseroberfläche treiben.

Wenn wir uns dann am Nachmittag wieder aufmachen, erwartet uns hinter dem Bach oft lautes Gequake. Beim ersten Mal ist mir das gar nicht aufgefallen. Das Geräusch ist das Gezeter und Gemotze von zwei Rostgänsen, denen es gar nicht gefällt, dass ich mit sieben Küken ihr kleines Revier betrete. Die kleinen Gänse haben das sofort verstanden und sind gleich ein bisschen langsamer und zögerlicher gewatschelt. Ich musste jedoch erst mehrmals in den Himmel schauen, um ihr Zaudern mit einer Rostgans in Verbindung zu bringen.

Rostgänse sind ausgewachsen ungefähr so groß wie Graugänse, unterscheiden sich aber durch ihr Aussehen von ihnen. Sie sind, wie der Name schon sagt, an Bauch und Rücken rostrot gefärbt, wobei einige Federn in der Mitte ihres Rückens pechschwarz sind. Weil sie so zetern und mosern, habe ich die beiden Rostgänse, Rosi und Mosi getauft.

Wieso sich Rosi und Mosi so sehr an unserem Anblick stören, verstehe ich allerdings noch nicht ganz, schließlich ist hier weit und breit genug Grasfutter für meine sieben Küken und mehrere Rostgansfamilien zu finden.

Vielleicht ist Rosi wegen ihrer tollen exotischen Färbung ein bisschen eingebildet. Oder die beiden müssen ihr Revier besonders vehement verteidigen, weil sie sich selbst in dieser Gegend noch fremd fühlen. Eigentlich leben Rostgänse nämlich in den Wüsten und Steppen von Asien. Nur weil einige Exemplare aus der Gefangenschaft in Europa ausgebrochen sind, konnten sie sich hier verbreiten und ansiedeln.

Rosi und Mosi quäken mich und meine Küken jedenfalls sehr hartnäckig an. Es hilft nichts, dass ich ihnen mit Stöcken drohe oder ihnen laut zurufe: »Es ist doch nur der Gänsemichel!« Sie zetern jedes Mal aufs Neue. Vielleicht sind die beiden auch nur besonders störrische Vertreter ihrer Gattung.

Doch die Rostgänse sind nicht die einzigen, die uns argwöhnisch beäugen.

Auf dem Weg zum See kommt uns einmal ein Landwirt mit seinem Traktor entgegen. Er hält an und betrachtet kopfschüttelnd mich und die sieben Gänse, die sich, vom Traktor eingeschüchtert, zwischen meinen Beinen versammeln.

Der Bauer öffnet ein Fenster und ruft in breitem Dialekt von der Traktorkanzel herunter:

»Ha, was machsch jetzt du do mit dänä Gäns?«

»Ich gehe mit meinen Gänsekindern spazieren«, sage ich, als wäre es das Normalste, was ein Mann in meinem Alter machen kann.

»Des sind doch Graugäns?«

»Ja, korrekt!«

»Wa wilsch au mit denen?«

»Ich bin vom Max-Planck-Institut ...«

»Wa bischt du?«

»Vom Max-Planck-Institut und wir wollen mit diesen Gänsen später, wenn sie fliegen können, die Luftströmungen in der Atmosphäre erforschen!«

»Aba die händ doch kei Bruscht und zart bringsch die auch it rächt!«

»Tja ...«

»Ihr machet Sache! Es wär besser, du würdsch dir än Schnellkochtopf kaufe!«, sagt der Bauer, klappt das Fenster wieder zu und braust davon. Grinsend watschele ich mit den Gänsen weiter.

Einen Nachbarn gibt es immerhin, dem der Sinn unserer Aktionen und Wanderungen herzlich egal ist und der bloß selbst davon profitieren will. Dieser Nachbar ist Fridolin, eine kleine Feldmaus, die unsere Spaziergänge regelmäßig dazu nutzt, sich am Futter der Gänse zu bedienen, und der die Futterschale gerne ziemlich verwüstet hinterlässt. Inzwischen ist Fridolin immer frecher geworden und lässt sich sogar blicken, wenn ich neben dem Wohnwagen auf der Terrasse sitze. Es genügt ihm anscheinend nicht, nur das Futter zu rauben, das er selbst aufessen kann – der dreiste Kerl legt sich offenbar Vorräte für später an.

Wenn ich mir seinen Trampelpfad im Dickicht des Auslaufs so anschaue, dann frage ich mich, wo er die Unmengen an Gänsefutter eigentlich gebunkert hat. Versorgt er damit eine Mäusefamilie? Oder macht es ihm einfach Spaß, uns zu beklauen? Ich bin ihm schon mehrfach hinterhergelaufen, doch der kleine Fridolin war immer zu schnell für mich.

Schließlich ist da noch Jürgen. Das ist der Hund einer jungen Frau, die jeden Morgen und Abend in der Nähe meines Wohnwagens spazieren geht. Wie die Frau heißt, weiß ich nicht, auch nicht, wieso der Hund einen Menschennamen trägt. Aber ihr Hund gehorcht ihr nicht besonders gut. Also ruft sie ständig »Jüüürgeeen! Jetzt komm' endlich! Jüüürgeeen!«

Damit geht sie mir schon fast mehr auf den Wecker als unser Kuckuck, der mich noch immer jeden Morgen um kurz nach fünf weckt. Zuerst dachte ich, die Frau meint ihren menschlichen Freund, der sich vielleicht im Suff im Wald verlaufen oder sich vor ihr versteckt hat.

Jürgen ist aber ein lieb und verspielt aussehender rotbrauner Irish Setter. Die Gänse spüren seine Anwesenheit schon, wenn ich das Frauchen noch gar nicht hören kann, und sind jedes Mal ganz verschreckt. Eine richtige Gänsemama würde die Angst ihrer Küken vor diesem Hund bereits im Ansatz erkennen und sofort mit ihnen das Weite suchen. Aber wir können ja unseren Wohnwagen nicht verschieben, nur weil Jürgen hier spazieren geht. Vor allem kann ich vom Feldweg nicht wie eine Gänsemutter mit ihren Küken einfach im Unterholz verschwinden – dann würde ich die Küken selbst nicht mehr wiederfinden.

Kurz hatte ich überlegt, mit der Frau zu sprechen und sie zu bitten, für ein paar Wochen einen anderen Spazierweg zu nehmen, doch ich kann weder die Gänse allein lassen, noch mich ihr und dem Hund zusammen den Gänsen nähern. Wer weiß, ob Jürgen dem Anblick von sieben flatterigen Küken widerstehen könnte, egal wie lieb er ist. Sie sind zwar längst nicht mehr so empfindlich wie nach dem Schlupf, doch ein unbedachtes Schnappen nach ihnen würde wahrscheinlich ausreichen. Selbst wenn Jürgen nur spielen will, kann aus dem Spielen leicht *aus Versehen töten* werden.

Inzwischen weiß ich zum Glück ungefähr, zu welchen Zeiten die Frau mit ihrem Hund unterwegs ist. Dann meide ich den kleinen Feldweg.

Ehrlich gesagt: Der Kuckuck geht mir gar nicht mehr so sehr auf den Wecker. Nach fünf Tagen haben wir beide Frieden geschlossen. Soll er doch seine geliebte Kuckucksfrau um fünf in der Früh mit Geschrei wecken.

Eigentlich bin ich sogar froh, dass er jeden Morgen um diese Zeit ruft, denn dann ist die Stimmung draußen besonders schön. Man müsste viel öfter so früh aufstehen und sich nach draußen setzen, aber wer macht das schon, wenn er nicht muss? Frühmorgens liegt oft ein Dunstschleier über den Bäumen und neben dem Wohnwagen hört es sich an, als würden sich die Vögel in Wald und Feld für einen Wettbewerb einsingen.

Dann schlürfe ich einen Kaffee, die Gänse liegen an meinen Füßen, und ich beobachte zum Beispiel das Kohlmeisenpaar vom Apfelbaum nebenan. Ich nenne die beiden Ilse und Horst – bei den Kohlmeisen ist die Rollenverteilung nämlich ganz schön traditionell. Ilse sitzt die meiste Zeit auf den Eiern im Nistkasten Nr. 64, den ich vor Jahren im Rahmen eines Projekts über Kohlmeisen aufgehängt habe, während Horst von morgens bis abends Futter sammelt und Ilse damit versorgt.

Horst rackert sich ganz schön für Ilse ab: Gestern habe ich in einer Stunde ganze sechs Horst-Einflüge in den Nistkasten gezählt. Das bedeutet, dass er bei zwölf Stunden Tageslicht hochgerechnet etwa 70 Mal Futter in den Nistkasten bringt.

Während ich noch in Gedanken versunken dasitze, knabbern die Gänse an meinen Hosenbeinen, Socken und Schuhen. Sie wollen unbedingt eine Reaktion von mir provozieren – eine Bewegung in meinen Beinen oder ein Ruckeln –, und wenn es klappt, dann huscht ihnen ein breites Grinsen über das Gesicht.

So kommt es mir jedenfalls vor. Es ist, als riefen sie: *Papa, Papa, jetzt komm' endlich! Wir haben schon sooo lange gewartet! Was musst du denn jetzt noch machen?*

»Ich trinke Kaffee, ihr Lausegänse!«

Kaffee? Langweilig!

Am liebsten wollen sie, dass ich mich sofort in Bewegung setze und sie zu dem saftigsten Gras von ganz Radolfzell führe.

»Na gut, ihr Nervensägen«, sage ich dann, und wir machen uns auf den Weg zu unserem Löwenzahnfeld um die Ecke. Kaum sind wir angekommen, fliegt der noch mit Tau bedeckte Löwenzahn nur so durch die Luft. In Windeseile fressen sich die Gänschen voll und kuscheln sich gleich danach wieder an mich. Die Reihenfolge ist immer gleich: Löwenzahn mampfen, ankuscheln, an Papa knabbern, schlafträllern und dösen.

Dann habe ich wieder Zeit, ein bisschen nachzudenken, Seit die Gänse da sind, bemerke ich eine seltsame Veränderung in mir. Dank ihnen kann ich die zeitweilige

Trennung von meinen Menschenkindern, die die Scheidung mit sich bringt, – besser akzeptieren. Es ist, als hätten die kleinen Gänschen mir eine große Portion Urvertrauen gespendet. Aber wie kann das sein? Wie können ein paar stinknormale Graugansküken so etwas schaffen?

Obwohl ich mich ständig um die kleinen Gänse kümmern muss, bin ich gleichzeitig näher bei mir selbst. Das klingt paradox und so empfinde ich es auch. Aber anders kann ich es nicht beschreiben.

Die Gänse vermitteln mir ein Gefühl von: Es ist eben, wie es ist. Und: Es lohnt sich, im Augenblick zu leben. Geht es darum nicht auch bei Extremsportarten? Sich ganz dem einen Moment hinzugeben – zum Beispiel, wenn man mit einem Fallschirm aus einem Flugzeug springt, im flatternden Wingsuit haarscharf vorbei an Felswänden durch eine enge Schlucht rast oder im Rohbau eines Wolkenkratzers ungesichert bis an die Spitze klettert?

Aber was ist extrem daran, neben sieben schlummernden Gänseküken im Gras zu liegen?

Ich hänge meinen Gedanken nach, betrachte den Himmel und den Waldrand und sehe plötzlich aus dem Augenwinkel, wie ein großer Fasan etwa 100 Meter entfernt aus dem Gebüsch heraustritt. Er stolziert in aller Ruhe übers Feld. Die Spitzen seiner Federn glänzen in der Morgensonne, und er sieht aus, als sei auch er ganz bei sich.

Dann blickt er nach oben, hebt einen Fuß und ist mit einem Satz wieder verschwunden.

DAS UNGEHEUER IN DER SCHEUNE

Ich schwinge mit einer Hand drohend meine gelbe Jacke, drücke mit der anderen wie wild die Hupe, rufe aus vollem Hals »Komm, Komm, Komm!« und renne im Schweinsgalopp wie ein Verrückter zum Rand der Wiese, wo ein paar Apfelbäume stehen. Mir folgen sieben aufgeregt watschelnde Küken.

Wir sind noch einmal davongekommen! Knapp! Unter den Bäumen können wir verschnaufen. Sie bieten einen gewissen Schutz vor dem Luftangriff, und das wissen auch die kleinen Gänse. Sie versammeln sich zu meinen Füßen und kuscheln sich erleichtert aneinander.

Mit der flachen Hand schirme ich meine Augen vor der Sonne ab und halte Ausschau nach einem Krankenwagen aus der geschlossenen Anstalt. Wer mich und die Gänse gerade beobachtet hat, muss mich eigentlich für komplett verrückt halten.

Dabei sah alles eben noch so ruhig und friedlich aus. Gemütlich liefen wir über die große Wiese in der Nähe des Schlosses, die ich Schlosswiese getauft habe.

In ihrer Mitte suchten wir uns ein schönes Plätzchen, und ich schlug meine Isomatte auf, ganz begeistert von der Vorstellung, den Gänsen hier bald das Fliegen beizubringen.

»So ungefähr könnt ihr euch die Startbahn vorstellen«, erklärte ich den Küken und setzte mich hin. »Von dort geht es los in die Wolken! Ist das nicht großartig? Ja? Wird das nicht toll, wenn wir endlich durch die Lüfte fliegen?«

Stolz betrachtete ich Nemo, der voller Faszination in den Himmel sah und meine Begeisterung offenbar zu teilen schien.

»Hoch in die Lüfte, und zwar mit euch zusammen! Wiwiwiwiwi!«, wiederholte ich. »Das ist die dritte Dimension!«

Dann wandte ich selbst den Kopf nach oben und bekam einen Riesenschrecken. Zwei Milane und ein Bussard hatten sich über unseren Köpfen zu einem Festmahl versammelt. Und ich lief in aller Seelenruhe mit sieben mal 600 Gramm bestem Biogänsefleisch herum, verzehrfertig auf einem riesigen Grastablett! Wie konnte ich nur so nachlässig sein! Das wäre einem richtigen Gänsevater nie passiert!

Die Küken hingegen waren beim Anblick der großen, weiten, gemähten Grasfläche sofort skeptisch gewesen und ungewöhnlich nah bei mir geblieben, was mir allerdings zuerst gar nicht aufgefallen war. Eine junge Gans ist für einen Bussard ein gefundenes Fressen, und je mehr Nachwuchs eine Gans hat, desto schwieriger ist es für sie, sämtliche Küken vor Greifvogelangriffen zu beschützen.

Hat der Bussard sich einmal eine Beute ausgesucht, prescht er im Sturzflug nach unten und tötet das Kleine mit seinen Krallen, noch bevor es überhaupt begriffen hat, was mit ihm geschieht. Der Bussard verspeist das Gänsefleisch dann irgendwo an einem ruhigen Plätzchen, nicht selten, um es für seine eigenen Küken – Bussarde sind Nesthocker – wieder hervorzuwürgen. Das ist die natürliche Nahrungskette.

Glücklicherweise haben wir es gerade noch geschafft, dieser unerbittlichen Logik zu entkommen. Mit meinen lauten Rufen und meiner gelben wild geschwungenen Jacke hatten die Raubvögel wohl nicht gerechnet. *Don't mess with Gänsemichel!*

Als ich vorsichtig unter dem Apfelbaum hervorspähe, sind die Milane und der Bussard verschwunden.

Ursprünglich sind wir auf die Schlosswiese gekommen, weil ich ein ganz anderes Ungeheuer im Sinn hatte: Meinen Atos, also das Ultraleichtflugzeug, mit dem ich bald neben den Gänsen fliegen will. Schließlich sind das Fliegen und die Erfassung von Messdaten beim Fliegen das eigentliche Ziel unserer ganzen Anstrengungen, und die Gänse sollen so früh wie möglich an das Flugzeug gewöhnt werden. Deshalb haben wir es schon vor einigen Wochen in einer alten Scheune gegenüber der Schlosswiese postiert. Die Scheune ist während der ersten Wochen unser provisorischer Hangar, den wir – im Gegensatz zum Flugplatz – bequem per Gänsefuß erreichen können. Der Ultraleichtflieger soll zu einem ganz normalen Bestandteil unseres Gänsealltags werden, und dazu möchte ich mit den Tieren möglichst viel Zeit in nächster Nähe des Fliegers verbringen.

Der Atos hat zwar ein für Flugzeuge geringes Gewicht von 90 Kilo und gerade mal 27 PS, doch mit seiner Spannweite von knapp zwölf Metern dürfte er auf die kleinen Gänse wie ein riesiges Ungeheuer wirken. Mich begeistert der Anblick dieser grandiosen Flugmaschine dagegen immer wieder aufs Neue. Wer hätte vor 20 Jahren gedacht, dass man heute ausschließlich elektrisch fliegen kann, ganz ohne Gestank, Lärm und Abgas? Der Strom für den Akku stammt aus Wasserkraft und mit einer Akkuladung sind Flüge von über einer Stunde möglich.

Der Plan ist, dass sich die Gänse erst einmal an das Ungetüm gewöhnen, indem ich den Atos jeden Tag ein Stück über die Wiese rolle und sie neben mir herlaufen. Wenn das gut klappt, kann ich die Gänse zum richtigen Flugplatz mitnehmen.

Ein guter Nebeneffekt: Ist das Flugzeug erst einmal aus der Scheune, müssen wir vor Greifvogelattacken keine Angst mehr haben. Die Silhouette des Gleiters dürfte von selbst den Bussarden und Milanen, die in dieser Gegend sehr zahlreich sind, Respekt einflößen.

Ich bin vor allem gespannt, wie die Gänse auf das Geräusch des Propellers reagieren werden und ob die Prägung auch in diesem Fall funktioniert hat – als sie noch im Ei waren, hatte ich es ihnen ja immer wieder vorgespielt.

Ich schiebe das schwere Rolltor auf, und vor mir steht eine Flugmaschine aus Kohlefasern und Segeltuch. Den Gänsen fällt wohl auch auf, dass dieses Hightechgebilde nicht so recht in die alte Scheune zwischen verstaubte Landmaschinen, Harken und Besen passen will und eher surreal wirkt. Leicht verunsichert versammeln sie sich hinter mir, als hätten sie Angst, das Ding mit den Flügeln könne jeden Moment auf sie losgehen.

Als ich das Flugzeug langsam aus der Scheune schiebe, verfliegt ihre Angst aber schnell. Vielleicht wird den Gänsen in diesem Moment klar, wie unperfekt und stümperhaft der Hightech gegen die Flügel von ausgewachsenen Gänsen wirkt. Sie betrachten das Flugzeug fast ein wenig herablassend. Selbst dass ich mich in dieses Gefährt hineinsetze, scheint sie nicht wirklich zu überraschen.

Der Elektromotor piept und ich flüstere: »Wiwiwiwi, ruhig meine Gänse.«

Dann schiebe ich vorsichtig den Gashebel nach vorn, und der Propeller beginnt seine Drehungen mit einem lauten Rattern. Die Gänse erschrecken kurz und springen einen halben Meter zurück. Ich betätige meine Tröte und rufe mehrmals hintereinander: »Wiwiwiwi, komm, komm, komm, Gänse!«

Daraufhin nähern sie sich wieder, obwohl der Propeller sich dicht hinter mir mit ziemlicher Lautstärke dreht. Nemo, Gloria und der tollkühne Calimero lassen sich sogar den Propellerwind ins Gesicht blasen.

Ich erhöhe die Drehzahl und das Geräusch wird zu einem Tosen. Ich kann meine eigene Stimme nicht mehr verstehen, aber das ist den Gänsen komplett egal. Völlig entspannt bleiben sie neben dem Flugzeug im Gras sitzen. Die Gewöhnung an das Geräusch hat also super geklappt! Ich bin richtig stolz auf meine sieben mutigen Gänschen.

War was?

Nö, nur der Typ hat mal wieder was angeschleppt und will es uns unbedingt zeigen.

Ich glaub', der hat 'ne Macke.

Ich weiß. Aber sag ihm das lieber nicht.

Wir tun einfach so, als würde uns das Ding brennend interessieren.

Es dauert nicht lange, dann wird das Fluggerät genauestens untersucht und auf Bissfestigkeit getestet. Ich bleibe im Flugzeug sitzen und beobachte die Kleinen.

Bevor die Gänse jedoch die Lust verlieren, möchte ich unbedingt noch einen Sprint mit ihnen über die Wiese ausprobieren. Wenn es mit dem Fliegen losgeht, müssen sie schließlich bereits etwas Geschwindigkeit draufhaben.

Also steige ich aus und trotte gemächlich in die Mitte der vorläufigen Startbahn, rufe: »Fertig? Aufgepasst!«, drücke dreimal kräftig auf die Ballhupe und renne los. Die Gänschen sprinten wie die Weltmeister hinterher.

Es sieht aus, als würden sieben goldgelbe Tennisbälle die Wiese hinunterkullern. Wir wiederholen den Sprint noch einige Male, dann gönne ich den Gänsen eine Verschnaufpause im Schatten unter dem Flügel des Atos. Ich will sie schließlich nicht überfordern. Das Flugzeug schiebe ich zurück in die Scheune, und wir machen uns auf den Heimweg.

Der nächste Tag beginnt erst um sechs Uhr. Ich reibe mir verwundert die Augen und sehe die Gänse fragend an. Ist der Kuckuck gestorben? Oder ist er endlich vernünftig geworden? Egal. Von mir aus kann das so bleiben.

Heute ist das erste Rolltraining an der Reihe: Ich werde versuchen, mit dem Atos neben den Gänsen herzurollen – ein nicht ganz ungefährliches Manöver, denn im Gegensatz zu einer richtigen Mama, brauche ich wie Karlsson vom Dach einen Propeller im Rücken, um in die Luft zu kommen. Die Gänschen dürfen auf keinen Fall in die Nähe des Propellers kommen. Allerdings ist der Abstand der Propellerspitze zum Boden wohl groß genug, dass sie ihn im Augenblick noch gar nicht erreichen können.

Wir spazieren zur Schlosswiese – natürlich nicht ohne einen kurzen Stopp auf unserem Lieblingslöwenzahnfeld –, und ich schiebe den Atos wieder aus der Scheune. Diesmal sind die Gänse schon weniger ängstlich. Sie scheinen das Flugzeug wiederzuerkennen.

Was wir mit dem Atos vorhaben, wird auch für die Gänse anstrengend werden. Deshalb entferne ich mich mit dem Flugzeug absichtlich ein ganzes Stück von ihnen, ohne zu rufen oder zu hupen. Die Gänse müssen unbedingt lernen, wie wichtig es für sie ist, mich nicht aus den Augen zu lassen.

Nach einer Weile realisieren sie, dass sie alleine sind und tschiepen aufgeregt nach mir. Es fällt mir sehr schwer, nicht sofort auf diese Rufe zu reagieren, doch ich lasse sie noch etwa 15 Sekunden weinen, bevor ich auf die Hupe drücke und »Gänse, komm!« rufe. Es ist immer wieder herzerwärmend, wie wieselflink die sieben Gänsekinder dann mit ausgebreiteten Stummelflügeln auf mich zu gerannt kommen, glücklich, dass sie ihren Papa wiedergefunden haben.

Ich habe mir vorgenommen, die Tiere schräg vor mir zu positionieren und dann laut hupend und »Komm, komm!« rufend ganz langsam anzurollen und den Motor sofort zu stoppen, falls eines der Gänsekinder zurückfällt oder auch nur in die Nähe des Propellers kommt.

Die Gänse grasen friedlich und merken gar nicht, wie ich den Pilotensitz des Fliegers besteige. Das ist mir ganz recht, denn so habe ich den Kopf frei, um mich konzentriert den Vorbereitungen zu widmen. Wo soll ich die Gänschen am besten platzieren? Wie viel Gas soll ich geben? Ich darf auf keinen Fall ein kleines Gänschen überrollen.

Ich schalte die Motorelektronik ein und das Steuergerät beginnt zu piepsen. Das bedeutet, dass der Motor nun *scharf* gestellt und alles bereit ist. »Gänse, komm!«, rufe ich und treibe sie in eine Position schräg vor mir, etwa einen Meter seitlich des Vorderrades.

Langsam schiebe ich den Gashebel nach vorn, ein leichtes Sirren ertönt, und die Gänse zucken zusammen. Durch zureden und hupen lassen sie sich aber schnell wieder beruhigen. Ich erhöhe die Drehzahl und spüre den Schub von hinten. Der Propeller schiebt den Atos vorwärts, und wir holpern bereits ganz langsam über die Wiese.

Nemo und Calimero sehen mich fragend an.

»Komm, Gänse«, rufe ich, »auf geht's! Auf geht's!«

Wie selbstverständlich setzen sie sich in Bewegung und laufen ruhig neben dem Flieger her.

»Toll«, rufe ich, »genau so! Super! Gänse, komm!« Vor lauter Stolz lasse ich mich dazu hinreißen, noch etwas mehr Gas zu nehmen.

Der Atos macht einen plötzlichen Satz nach vorn. Mit einem Hopser habe ich die Gänse überholt. Ich drehe mich um und sehe sie etwa vier Meter hinter mir.

Alles gut. Die Gänse scheinen das sogar lustig zu finden. Instinktiv sind sie dem Propeller und dem Hinterrad ausgewichen und laufen munter weiter.

Ich erhöhe die Geschwindigkeit noch ein bisschen und die Gänse rennen, so schnell sie können, hinter mir und dem Flugzeug her. Als ich mich das nächste Mal umdrehe, bekomme ich einen Schrecken. Eine Gans liegt weit abgeschlagen auf dem Rücken im Gras und strampelt mit den Flossen.

Ich mache eine Vollbremsung und springe aus dem Flugzeug. Welche Gans ist das? Hat sie vielleicht doch den Propeller berührt? Als ich sie endlich erreiche, brauche ich einen Moment, um die Situation zu erfassen: Es ist Nils, der sich beim Laufen in der Profilfurche eines Traktorreifens eingeklemmt hat, auf dem Rücken liegt und sich aus eigener Kraft nicht befreien kann. Er ist wohl nur gestolpert, dabei aber ganz unglücklich genau in diese Furche gefallen.

»Nils«, sage ich erleichtert, »du bist nur gestolpert. Ein Glück!«

Ich befreie ihn aus seiner misslichen Lage und rufe den restlichen Gänsen zu: »Das habt ihr toll gemacht! Das war super! In ein paar Tagen geht das bestimmt wie von selbst! Aber jetzt geht es erst mal nach Hause.«

»Los, Gänse, beeilt euch!«, rufe ich kurz vor dem Wohnwagen und kann es kaum abwarten. Das hat einen einfachen Grund: Ich muss ganz dringend mal aufs Klo.

Drinnen stürzen sich die Gänslein auf ihr Körnerfutter und ich in die Toilette.

Aber kaum habe ich mich hingesetzt, höre ich ein jämmerliches Weinen von draußen.

Also öffne ich die Klotür und rufe etwas genervt: »Ich bin doch da! Dann kommt halt einfach rein!«

Zwei Sekunden später haben sich die sieben Racker um meine Füße versammelt. Sie kuscheln sich unter der heruntergelassenen Hose zusammen und das Schlafträllern beginnt.

Für mich bedeutet das eine halbe Stunde eingeklemmte Zwangshaltung auf dem Klo. Nach 15 Minuten laufen Ameisen an meinem Bein hoch – aber das ist nicht so schlimm, denn nach 20 Minuten sind meine Beine taub, und ich spüre sie sowieso nicht mehr.

7 Unterschiede zwischen Gänsen und Menschen
Sie brauchen kein Klo
Sie klopfen nicht an
Sie haben keine Schlafstörungen
Sie wissen, was gut für sie ist
Sie machen keine Versuche mit uns
Ein Ganter könnte nicht zum Menschenvater werden
Wenn sie Nähe wollen, gehen sie einfach hin

Als die Herrschaften schließlich ihren Schönheitsschlaf beendet haben und sich fordernd piepsend vor die Klotür stellen, als wollten sie sagen: *Was machst du hier bloß so lange?*, habe ich keine Ahnung, wie ich ohne Beine aufstehen soll.

Ich muss mich mühsam mit beiden Armen hochziehen und schlage und stampfe dann minutenlang abwechselnd mit beiden Beinen auf den Boden. Die Gänse beobachten mich amüsiert.

Was ist denn jetzt mit dem los? Hat der gesoffen?
Ich glaub', der Typ tanzt.
Aber warum macht der das?
Ich weiß nicht, ob ich das wissen will.

»KAWUMM!!!« Ein ohrenbetäubender Knall reißt mich um drei Uhr nachts aus dem Schlaf, und mir wird schnell klar, dass das Gewitter doch kein Traum war. Vor einer Minute sah ich den Wohnwagen noch von außen und mit wehenden Segeln auf stürmischer See. Die Gänse schwammen verzweifelt hinterher, während es irgendwo ständig hupte.

Ich haste nach draußen. Der Regen prasselt gegen den Wohnwagen, das Sonnensegel flattert im Sturm. Es droht, sich jeden Moment zu lösen. Ein Blitz erhellt die Szene für eine halbe Sekunde.

Ich springe in meine Regenklamotten, schnappe mir einen Hammer und treibe die Zeltnägel des Sonnensegels mit einigen wuchtigen Schlägen wieder in den Boden. Leider bringt das überhaupt nichts: Im aufgeweichten Boden haben die Nägel zu wenig Halt und die Wucht des Sturmes zieht sie sofort wieder heraus. Es bleibt mir nichts anderes übrig, als die Abspannschnüre mit meinem Taschenmesser zu kappen und das Segel nahe am Wohnwagen fest zu verzurren. Das klappt ganz gut, nur fällt mir jetzt auf, dass ich gar nicht mehr in den Wohnwagen reinkomme. Ich habe das Sonnensegel direkt vor der Tür runter auf den Boden gespannt. Das ist fast so dumm, wie den Ast abzusägen, auf dem man sitzt.

Ich greife meine Isomatte und flüchte zu meinen Gänsen in die Voliere. Sie blicken mich etwas zerknirscht an, als ich die Türe öffne – alle sieben sitzen dicht zusammengedrängt in der trockensten Ecke des Raumes.

Doch kaum habe ich mich hingelegt, kuscheln sie sich um meinen Kopf. Zusammen harren wir aus, während draußen der Donner kracht, Blitze am Himmel funkeln und es ohne Unterlass auf das Dach hagelt.

Nach einer halben Stunde ist das Gewitter vorbei.

Ich befreie mich aus meiner unbequemen Haltung, wünsche den Gänsen noch eine gute Nacht und bahne mir einen Weg am Sonnensegel vorbei in den Wohnwagen. Todmüde falle ich ins Bett. Ich bin zwar nass bis auf die Knochen – aber auch glücklich, dass meine Gänse und ich dies alles zusammen durchgestanden haben.

BUSFAHRT MIT GÄNSEN

N»a los jetzt! Kommt schon!«
»Traut euch! Frieda, hopp, hopp! Calimero!«
Ich hocke auf einer provisorischen Rampe am Heck eines VW-Busses und rede mit Engelszungen auf meine Gänsekinder ein.
»Das schafft ihr! Hinauf!«
»Ist gar nicht schlimm!«
Obwohl ich meine Stimme ganz süß klingen lasse, bleiben die Gänse skeptisch und untersuchen die beiden Gummiholzplanken argwöhnisch.
Du, Calimero, siehst du den Mist da vorn? Ist das 'ne Watschelhilfe oder was? Was hat der Typ denn jetzt wieder für 'ne Schnapsidee?
Einfach nicht drüber nachdenken, Nemo. Einfach nicht drüber nachdenken.

Heute ist ein wichtiger Tag: Ich will die Tiere mit dem VW-Bus endlich zum ersten Mal auf den Flugplatz bringen. Das Rolltraining auf der Schlosswiese klappt inzwischen super. Die Gänschen rennen in einer beachtlichen

Geschwindigkeit hinter dem Flugzeug her und schlagen dabei wie wild mit ihren Flügelchen.

Aber für die ersten richtigen Übungen mit dem Ultraleichtflugzeug ist auf der Wiese einfach nicht genug Platz. Wenn man dort nur einmal kurz abhebt, hängt man gleich in den Bäumen – und das will ich uns nicht antun.

Die Gänse können schon unglaublich viel. Nur wie man unkompliziert in einen VW-Bus einsteigt – dieses Wissen fehlt in ihrem genetischen Programm.

Deshalb habe ich mir diese Hochwatschel-Rampe überlegt – aber das ist leichter gesagt als getan: Die Rampe darf nicht zu steil sein, was wiederum bedeutet, dass die Bretter ziemlich lang sein müssen. Und je länger die Bretter, desto größer die Gefahr, dass die Gänse während des Aufstiegs seitlich wieder herunterspringen.

Hinter dem Wohnwagen habe ich zwei mit Gummimatten bezogene, etwa zwei Meter lange Planken gefunden, auf denen ich jetzt sitze. Theoretisch könnten die Gänse nun bequem in den Kofferraum hineinlaufen.

»Nemo! Mit dem VW-Bus fahren wir lo-hos! Zum Flugplatz! Lauf doch mal ra-hein!«

Ich komme mir etwas dämlich vor, doch dann packe ich meine Geheimwaffe aus: Eine Schale mit leckerem Küken-Starterfutter.

»Hier oben gibt es was zu fre-hessen!«, säusele ich.

So merkwürdig ihnen das VW-Ungetüm auch vorkommt, irgendwann können sie nicht mehr widerstehen.

Frieda traut sich als Erste ein paar Gänseschritte hinauf, während ich langsam und Futter streuend, rückwärts nach hinten in den Kofferraum watschele.

»Jajaja, Calimero! Super! Denkt immer an das Futter! Hier oben gibt's noch mehr!«

»Nur noch ein halber Meter! Ihr habt es gleich geschafft!«

Die Gänse picken und watscheln, und ich will schon fast aufatmen, da stößt Frieda einen lauten neurotischen Krächzer aus, springt mit einem Satz von der Rampe herunter und versteckt sich unter dem Bus.

»Frieda!«

Meine anderen Gänse lassen sich natürlich sofort von ihr anstecken. Allen fällt plötzlich auf, dass normale Gänse nicht in einen VW-Bus steigen, ja, dass so ein Verhalten total unnatürlich und ungewöhnlich ist, und sie stieben laut schnatternd auseinander.

»Mann, Frieda!«, meckere ich. »Kannst du nicht einmal locker bleiben? Musst du immer die anderen verrückt machen? Ich glaub', es gibt gleich Gänseschmalz!«

Die Gänse verziehen sich in den Schatten unter den Wohnwagen. Jetzt bekomme ich sie nicht mehr in den VW-Bus – also breche ich den Versuch für heute ab. Früher hätte mich das Verhalten der Gänse geärgert, und ich wäre wahrscheinlich den Rest des Tages ziemlich frustriert gewesen. Heute denke ich:

Auch nicht so schlimm, dann bleiben wir eben auf der sonnigen Terrasse. Meine neu gewonnene Gelassenheit fühlt sich toll an! Ich setze mich etwas erschöpft unter das Sonnensegel auf die Bank und überlege, wie ich Problem-Frieda in den Griff bekommen soll. Sie fängt langsam an, die Gruppe zu sprengen, und ich habe Angst, durch ihr Verhalten an Autorität zu verlieren. Was macht eine richtige

Gänsemama in so einem Fall? Soll ich jetzt erst recht *mehr* mit Frieda kuscheln oder eher hart durchgreifen? Oder ist das bloß eine ganz normale, vorpubertäre Phase von ihr?

Ich lege mich auf die Wiese, stütze die Arme auf und betrachte die Gänseschar unter dem Wohnwagen. Frieda putzt sich ihr Gefieder und sieht mich nicht an. Ihre Bewegungen kommen mir etwas starr und trotzig vor, so wie bei Menschen, die nach einem Streit theatralisch die Wohnung wienern. Oder bilde ich mir das nur ein? So richtig schlau werde ich aus Frieda nicht.

Nach fünf Wochen sind die Gänse schon ziemlich groß, allerdings haben einige von ihnen noch eine etwas seltsame lustige Frisur, weil von ihren Hälsen noch Reste der gelben Daunen abstehen, aus denen ihr erstes Federkleid bestand.

Als ich Nemo gestern auf die Waage hievte, konnte ich kaum glauben, wie schwer er schon ist Er hat bereits die 2,5-Kilogramm-Marke geknackt – ein richtiger Gänsebrocken! In nur fünf Wochen hat er sein Geburtsgewicht von 120 Gramm vervielfacht. Ein Menschenbaby, das in diesem Tempo zunähme, würde mit fünf Wochen knapp 70 Kilo wiegen!

Zwar liegt der Eiweißanteil des nährstoffreichen Küken-Starterfutters, das ich den Tieren täglich hinstelle, bei ordentlichen 21 Prozent – für die Küken das optimale Kraft- und Entwicklungsfutter –, aber daran allein kann es nicht liegen. Gänse wachsen einfach in einer erstaunlichen Geschwindigkeit.

Aus ihrem anfänglich gelben Daunenfell ist bereits ein ordentliches Gefieder geworden. Es ist ein faszinierendes Gebilde, das luftdicht, wasserdicht, isolierend und wunderbar leicht ist. Und das alles ohne Lösungsmittel und Kunststoffe – allein aus Wasser und Proteinen. Was für ein Aufwand wäre es, so eine Feder künstlich nachzubauen!

»Ihr seid wirklich schon so groß! Ihr Lausegänse!«, rufe ich Calimero zu, der gerade unter dem Wohnwagen hervorlugt.

Als Antwort wackelt er kurz mit dem Popo und schießt mir sieben Gramm feinstes fermentiertes Grünfutter in Kombination mit verdautem Getreide und etwas Mehlwurmchitin vor die Füße. Wobei ich das Verb *schießen* hier ganz bewusst benutze. Es ist kaum zu glauben, mit welchem Druck die Gänse solche Ladungen abfeuern können.

So schön es auch ist, wenn sich sieben Gänse an einen kuscheln – man sieht hinterher einfach beschissen aus! Die Gänse *schießen* den Kot inzwischen alle acht bis zwölf Minuten heraus. Am Tag kommt da ganz schön was zusammen.

Die Ausscheidungen meiner Gänse spielen in meinem Eremitendasein eine zentrale Rolle, doch ich bin inzwischen abgehärtet und denke höchstens darüber nach, welche unglaubliche Farbvielfalt Gänsekot aufweist. Selbst der Gänseschiss ist ein Wunder der Natur. Die Farbnuance ist nicht einfach nur langweilig grün, sondern reicht von dunkelbraun (durch den reichlichen Verzehr von Getreidefutter) bis dunkelgrün (bei viel Grünfutter), und dann gibt es auch noch die typischen weißen Bestandteile, die allerdings gar nicht zum Gänsekot gehören, sondern eigentlich aus Harnsäure bestehen. Bei einer Gans mündet der relativ kurze Harnleiter direkt in den Darm, das ist die Kloake der Gans und dort wird der Urin zusammen mit dem Kot ausgeschieden. Dadurch ergeben sich solche weißen Kotauflagerungen.

Vor einiger Zeit habe ich eine TV-Reportage über zwei junge dänische Designer gesehen, die Möbel aus Seetang herstellen. Sie kochen den Tang, vermischen ihn mit Zellulosefasern, walzen ihn aus und verarbeiten ihn in einem selbst gebauten Ofen bei 40 Grad zu einer Stuhllehne. Die Designer waren total stolz auf die verschiedenen Nuancen und Marmorierungen von Grün in ihren Produkten.

Ich betrachte Calimero, der mir schon wieder den Bürzel entgegenstreckt und denke: Das könnte mit der Gänsekacke doch auch klappen. Möbel aus Gänsekot! Und der Clou: Wie der Imker, der seine Bienen über ein Rapsfeld fliegen lässt und dann Rapshonig anbietet, könnte ich die Gänse – je nach Kundenwunsch – nur ganz bestimmtes Grünzeug verdauen lassen und biete dann Stühle aus Löwenzahn oder Kleeblättern an, die zerfasert und im Gänsedarm biologisch aufbereitet wurden.

Ebenso wie der Gänsekot stören mich auch die zahlreichen Kriebelmücken, Blattwanzen und Schnaken, die ständig in der Nähe des Wohnwagens um mich und meine Gänsefamilie herumschwirren, nicht mehr besonders – wahrscheinlich mutiere ich langsam selbst zum Wassertier. Statt endlich ein chemisches Vertreibungsmittel zu verwenden, überlege ich ernsthaft, mich einfach im Schlamm zu wälzen. Davon gibt es hier schließlich genug – den getrockneten Schlamm könnte ich als natürlichen Schutzanzug benutzen. Oder ich reibe mich mit duftenden Kräutern und Pflanzen ein. Aber als botanischer Legastheniker würde ich wahrscheinlich Zitronenmelisse mit Giftsumach verwechseln.

Immerhin dusche ich noch täglich und versuche nicht, mich wie eine Gans sauber zu schnäbeln. So ungelenkig wie ich bin, könnte ich wohl auch gewisse, unbedingt täglich zu reinigende Körperteile unmöglich erreichen.

Am nächsten Morgen wird mein Eremitendasein unterbrochen – ich bekomme Hilfe von Laura, einer jungen Assistentin vom Institut. Wenn wir auf dem Flugplatz zum ersten Mal losfliegen, brauche ich jemanden, der die Gänse hinter dem Flugzeug zusammentreibt – das schaffe ich alleine nicht.

Laura soll aber erst um zehn beim Wohnwagen sein, bis dahin ist für uns Frühaufsteher also noch genügend Zeit für einen kleinen Ausflug ins nahe gelegene Ried. Die Gänse lieben es, wenn ich im sumpfigen Schilf auf der Isomatte liege, und sie genüsslich im weichen Boden buddeln und junges Grünzeug knabbern können. Nach etwa 20 Minuten kuschelt sich ein Gänslein nach dem anderen zu mir auf die Isomatte.

Der beste Platz auf meinem Schoß gebührt dabei seit einiger Zeit Gloria, der Ältesten. Die anderen Gänse machen es sich an und auf mir gemütlich. Es dauert keine fünf Minuten, dann trällern ihre Schnäbel gleichmäßig und ich kann mich nicht mehr bewegen.

Zum Glück wird aus dem eingeschlafenen Arm bald wieder mal ein tauber Arm. So liege ich einarmig da und spüre den Atem von Nils an meinem Ohrläppchen. Er liebt es, seinen Kopf in meinem Nacken unter den Haaren einzukuscheln – ein extrem kitzeliges Gefühl, das ich zusätzlich zu meiner Einarmigkeit aushalten muss.

Während die Morgensonne mir ins Gesicht scheint, liege ich in Zwangshaltung da. Um mich herum im Schilf summen und zirpen die Insekten, jedes der kleinen Lebewesen ein Kunstwerk für sich. Es riecht nach Gräsern und Wiesenblumen, auf deren Blüten die Bienen landen. Zerfaserte Zirruswolken ziehen ganz langsam, in großer Höhe über unsere Köpfe hinweg.

Ich wache auf, weil Rambo gegen mein Ohrläppchen kämpft. Calimero will den Ohrring unbedingt aus meinem Ohr pulen und geht dabei ziemlich grob vor. Vorsichtig drehe ich mich um, schiebe ihn beiseite und sehe auf die Uhr.

Shit! Schon halb elf. Wie konnte ich nur so lange schlafen? Normalerweise gelingt es mir nicht, in der freien Wildbahn so einfach loszulassen. Zu groß ist meine Angst vor Hunden oder Greifvögeln, die es auf die kleinen Gänse abgesehen haben.

Jetzt aber schnell! Mit einem Arm, der noch immer teilnahmslos von meiner rechten Körperseite baumelt, laufen wir im Gänsemarsch zurück zum Wohnwagen, wo wir von Laura freudig begrüßt werden. Laura ist Biologin, hat kurze Haare und immer ein leicht ironisches Flackern in den Augen. Sie hat schon mit Amseln, Brieftauben und Meisen gearbeitet und scheint sich an meiner *beschissenen* Erscheinung gar nicht zu stören. Mit ausgestreckten Beinen sitzt sie auf der Terrasse vor dem Wohnwagen.

»Na, ihr acht Gänse!«, begrüßt sie uns amüsiert.

»Wir sind eingeschlafen«, erkläre ich.

»Die Gänse und du?«

Zum Glück sind die Gänse sehr offen und nicht allzu scheu. Sie halten sich eine Zeit lang hinter mir, gehen aber auf Laura zu, als sie ihren mitgebrachten Korb mit Löwenzahnblättern hervorholt.

Selbst wenn sie wollte, könnte Laura nach fünf Wochen nicht mehr als Patchwork-Mutter in die Gänsefamilie einsteigen. Die Gänse würden sich jetzt zwar immer noch an sie gewöhnen, sie aber nicht als gleichwertige Gänsemutter neben mir, dem Gänsevater, akzeptieren. Dafür ist es zu spät – der Prägevorgang ist bereits lange abgeschlossen.

Trotzdem sind die Gänse neugierig, und es dauert nicht lange, bis sie mit ihren Schnäbeln Lauras Schuhbändel untersuchen.

Mit Schuhbändeln zu spielen ist überhaupt eine der neuesten Lieblingsbeschäftigungen der Gänse – sie kriegen gar nicht genug davon, und man könnte schon von einem richtigen Schuh-Bändel-Tick sprechen.

Sobald ich Schuhe mit Schnürsenkeln anziehe, streiten sich die Kleinen darum, wer als Erster daran knabbern und ziehen darf. Meistens ist Nemo der Schnellste, und wir beide spielen das Schuhbändel-Aufmachspiel: Ich binde die Schleife zu, und er knabbert sie mit seinem Schnabel wieder auf. Inzwischen hat er es schon fast zum Aufmach-Weltmeister gebracht – er braucht dafür kaum mehr als zwei Sekunden und langweilig wird ihm dieses Spiel nie.

Paula hingegen kommt gar nicht auf die Idee, sich mit Gloria und Calimero um die Schuhbändel meines rechten Schuhs zu streiten. Sie gleicht den »Nachteil« ihres niederen Rangs auf ihre eigene Weise aus – durch Schläue. Sie trippelt einfach zum linken Fuß, den die anderen bei ihrer Rangelei ganz übersehen haben.

Damit wir nicht wieder stundenlang auf der Rampe balancieren und die Gänse mühevoll in den VW-Bus locken müssen, hat Laura einen großen Hundekäfig mitgebracht. Darin müssen wir die Gänse nur noch in den Bus heben, außerdem sind sie dann während der Fahrt fixiert und flattern nicht auf der Ladefläche herum.

Ich öffne die Käfigtüren und platziere eine Schale mit leckerem Getreidefutter genau in der Mitte. Die Gänschen stehen erst ein wenig verwundert um den Käfig herum, betrachten und beknabbern ihn von allen Seiten – dann bestätigt sich wieder einmal die Hierarchie in der Gruppe: Nemo ist der Erste, bei dem Verfressenheit über Argwohn siegt. Einige Zeit lang genießt er die Futterschale exklusiv, dann gesellen sich auch Calimero und Gloria dazu. Der Rest der Bande tritt draußen von einer Flosse auf die andere.

Schließlich fasst sich auch Paula ein Herz, ihr folgen Nils, Maddin und Frieda. Zu siebt machen sie sich über das Getreidefutter her, während ich die Türen des Käfigs schließe und ganz nahe bei ihnen sitzen bleibe. Das war definitiv einfacher als die Rampe. Zum Glück gibt es keine größeren Probleme mit der Akzeptanz des Transportvehikels.

Allerdings haben wir das Gewicht des Käfigs inklusive der Gänse ganz schön unterschätzt. Erst als wir den VW-Bus direkt bis zum Wohnwagen ranfahren, schaffen wir es, den Käfig mit einem Satz hochzuhieven.

»Du kannst den Gänsen ja hinten beistehen und ihnen die Flossen halten«, sagt Laura und steigt lachend vorne ein: »Wie ein Notarzt im Krankenwagen.«

Die Gänse nehmen davon keine Notiz und schnabulieren fröhlich weiter. Doch Laura hat den Bus kaum in Bewegung gesetzt, da scheinen sie den Braten zu riechen und beginnen, zu protestieren. Autofahren ist eben doch etwas anderes als Schwimmen oder Watscheln. Eine für sie völlig unbekannte Art der Fortbewegung. Wobei – es meckern keineswegs alle Gänse. Sondern natürlich vor allem Frieda.

»Tschiep, Tschiep, Tschiiiep!«, beschwert sie sich.

»Frieda! Das ist nur ein Auto, wruumm, wrummm«, erkläre ich, »wir fahren zum Flugplatz!«

Obwohl ich dazu noch Flugbewegungen mit den Armen mache, hat Friedas tschiepend geäußerte Angst eine viel stärkere Wirkung auf die restlichen Gänse als meine beruhigenden Worte.

»Tschiep, Tschiep, Tschiiiep!«, machen bald alle sieben.

»Wiwiwiwi!«, mache ich.

Wie ein trillernder Faschingswagen fahren wir über die Landstraße. Wegen der Hitze sind alle Fenster des Busses geöffnet, und die Menschen am Straßenrand bleiben verwundert stehen und gaffen. Wahrscheinlich halten sie mich für verrückt, denn die Gänse kann man von außen nicht sehen. Die Leute sehen nur einen Typen, der komische Laute von sich gibt und Namen ruft.

»Frieda! Ganz ruhig! Wir sind gleich da!«
»Calimero! Wiwiwi!«
»Tschiep! Tschiiiiep!«
»Alles in Ordnung, da hinten?«

Es sind eigentlich nur vier Kilometer, doch der Weg fühlt sich wie eine Ewigkeit an.

Ich finde es schön, wenn andere Menschen an unserem Abenteuer teilhaben und zuschauen möchten, aber als wir den Flugplatz erreichen, bin ich doch froh, dass heute keine Menschenseele zu sehen ist. Beim ersten Flugplatztraining können wir möglichst wenig Stör- und Ablenkungsquellen gebrauchen. Allerdings ist es leider schon sehr warm auf dem Flugplatz, und ich habe Zweifel, ob wir die Gänse heute motivieren können. Bei starker Hitze liegen sie am liebsten irgendwo im Schatten am Wasser – kein Wunder: Wer hat schon Lust, bei 30 Grad in Daunenjacke einem faulen, alten Sack hinterherzujagen, noch dazu ohne erkennbaren Grund?

»Was machen wir eigentlich«, fragt Laura, »wenn die Tiere jetzt durch die Autofahrt so verstört sind, dass sie einfach weglaufen, wenn wir sie einmal aus dem Käfig lassen?«

»Gute Frage«, antworte ich, »aber das wird schon nicht passieren.«

»Trotzdem: Was können wir dann tun?«

»Tja.« Tatsächlich habe ich mich das auch schon gefragt. »Eigentlich gar nichts«, sage ich schließlich. »Aber wenn ich mit ihnen in die Luft will, dann bleibt uns nichts anderes übrig.«

Laura scheint nicht hundertprozentig überzeugt. »Lass uns erst mal den großen Vogel holen.«

Wir schieben den Atos heraus. Jemand vom Institut hat ihn vorsorglich von der Scheune in diesen richtigen Hangar gebracht.

Dann öffne ich die Käfigtüren. Mit vorsichtigen, neugierigen Schritten betreten die Gänschen das neue Terrain. Vor allem gefällt ihnen das frische, noch feuchte Gras auf der riesigen Rasenfläche. Alle sind optimistisch – bis auf eine. Frieda verzieht sich sofort unter den VW-Bus und schmollt.

»Mann, Frieda, nicht schon wieder!«

»Die hat dich ganz schön unter Kontrolle«, sagt Laura und damit hat sie nicht unrecht.

»Ich glaub', heute Abend gibt es Gänsebraten mit Rotkohl«, sinniere ich, aber das ist natürlich nicht ernst gemeint. Seitdem ich mit den Gänsen lebe, esse ich kein Geflügel mehr. Als mir ein Kollege neulich zum Mittagessen Nasi Goreng vom Chinaimbiss mitbrachte, musste ich die Hühnchenstücke liegen lassen. Ich hab sie einfach nicht runtergebracht. Ich weiß nicht genau warum, aber es hat mich geekelt. Außerdem finde ich unangepasstes Verhalten im Grunde ja sehr lobenswert, schließlich ist das hier kein Gänse-Boot-Camp.

Von mir aus könnte sie ruhig den ganzen Tag unter dem Bus hocken und von ihrem Demonstrationsrecht Gebrauch machen, ich würde ihr sogar ein Transparent und eine Eisenkette mitbringen. Doch das Problem ist: Wenn die Revoluzzerin Frieda nicht mit zum Rolltraining kommt, dann wollen auch die anderen nicht und damit gefährdet sie inzwischen den Zeitplan. Mit ihrem aufrührerischen Geschnatter verdirbt sie auch den anderen Gänsen den Spaß.

Als Frieda endlich unter dem Bus hervorgekrochen ist, haben wir gleich das nächste Problem: Es ist ganz schön windig. Ich sitze bereits in dem Flugzeug und habe alle Hände voll zu tun, den Flügel am Boden ruhig zu halten, die Gänsekinder nicht aus den Augen zu lassen und den richtigen Zeitpunkt zum Durchstarten zu finden.

Die große Spannweite bietet eine gute Angriffsfläche für den Wind, deshalb ist es gar nicht so einfach, das Ultraleichtflugzeug im Wind gerade zu halten. Mehrmals muss ich die Flügel mit aller Kraft gegen eine Böe stabilisieren, damit die Flügel einigermaßen horizontal bleiben und die Flügelaußenkante nicht den Boden streift.

Das ist besonders anstrengend, wenn das Flugzeug ganz langsam ist und noch keine aerodynamische Strömung am Flügelprofil wirkt. Bei höheren Geschwindigkeiten stabilisiert sich der Flügel über die Ruderspoiler selbst und der Kraftaufwand ist viel geringer.

Während ich ächze, flitzen die Gänsekinder um mich herum. Laura treibt sie auf die rechte Seite des Flugzeugs. Ihre Arme sind mit Besenstielen verlängert. Der Wind macht mir ganz schön zu schaffen, aber die Gänse kommen sehr gut mit. Das Rolltraining macht sich also bezahlt, denn die Tiere haben bereits eine gewisse Routine in den Bewegungsabläufen entwickelt.

Als die Gänse in Position sind und Laura sich mit ihren langen Besenstielarmen aus dem Gefahrenbereich des Propellers entfernt hat, rufe ich etwas hysterisch:

»Los, Gänse! Propeller frei!« Ich hupe hektisch, wie ein aufgeregter Taxifahrer, und gebe Gas.

Die Graugänse setzen sich sofort wie fremdgesteuert in Bewegung – es funktioniert!

Gemeinsam flitzen wir über das Rollfeld hoch und wieder runter. Ich bin ganz stolz auf meine Kleinen: Sie achten selbstständig auf den Propeller und kommen den Reifen nicht zu nahe.

Beim Laufen schlagen sie wie wild mit ihren Flügelchen. Vielleicht nervt es sie selbst, dass ihre Flugarme noch nicht genügend Auftrieb produzieren – abheben können sie noch nicht, egal wie schnell sie mit den Flügeln schlagen. Irgendwann will ich gemeinsam mit den Gänsen den Himmel erobern. Aber dafür brauchen wir alle noch etwas Geduld.

Später liegen wir zusammen im Schatten des Atosflügels und lassen unsere Reaktoren bei köstlichem Brunnenwasser, Getreidekörnchen und Schokoriegeln abkühlen. Ich will ja keinesfalls eine Kernschmelze riskieren, und die Tiere sollen den Flugplatz beim ersten Mal mit einem positiven Gefühl verlassen. Aber weil die Außentemperatur bereits auf über 30 Grad gestiegen ist, brechen wir für heute lieber ab.

»Gänse, wollt ihr zum See?«, frage ich. Tatsächlich sehne auch ich mich nach einer kleinen Erfrischung im nächsten Badesee. Vor allem deshalb, weil es dort neben der Liegewiese einen Kiosk gibt, der allerlei exquisite Köstlichkeiten anbietet beziehungsweise: Currywurst mit Pommes.

Jetzt muss ich nur noch die Gänsemannschaft zusammenhupen. »Wenn wir zum Wasser wollen, dann müsst ihr wieder zurück in den Käfig«, erkläre ich. Ich weiß nicht, ob die Gänse verstanden haben, was ein »See« ist. Jedenfalls überzeugt sie mein Argument überhaupt nicht. Unsere Versuche, die Gänse mit Besenstielen zu zweit hineinzutreiben, scheitern kläglich.

Da bleibt uns nur die letzte Alternative: Wir müssen die kleinen Racker per Hand einfangen.

Wer schon mal versucht hat, ein Huhn zu packen, der kann sich vorstellen, dass das nicht so einfach ist. Dazu kommt noch, dass die Gänse nicht ängstlich sind, sondern einfach nur keine Lust haben, sich einfangen zu lassen.

Wenn ich mit einer Hand nach Frieda greife, macht sie »Tschiep, Tschiep, Tschiep« und rennt davon.

Erst als wir die Gänse gemeinsam beim Carport in die Enge getrieben haben und der renitenten Bande dämmert, dass ihnen jetzt kein Ausweg mehr bleibt, nehmen sie gerne meine Shuttledienste zum Transportkäfig in Anspruch.

Ich lasse mich völlig verschwitzt und erschöpft auf die Wiese fallen. Ich habe einen Bärenhunger.

LEUCHTENDE KINDERAUGEN

Vierzig Badegäste sonnen sich auf der Liegewiese am See, reden über den menschlichen Alltag, lesen, telefonieren und tippen auf ihren Handys herum. Da betreten plötzlich eine Frau, ein abgerissener Typ mit ungewaschenen Haaren und Gänsekot an der Jacke und sieben Graugansküken die Naturbühne. Es ist, als kämen wir auf einem Elefanten angeritten.

Graugänse gibt es hier in der Gegend überall, aber sie trauen sich normalerweise nicht an die Liegewiese heran und watscheln auch nicht folgsam einem Menschen hinterher. Die Leute schütteln den Kopf und zeigen auf uns, doch das Erstaunen währt nicht lange – bald haben die Gänsekinder die Herzen der Menschen im Sturm erobert und zaubern allen Anwesenden ein Lächeln aufs Gesicht. Kinder und Erwachsene kommen auf uns zugelaufen und beobachten die seltsam zutraulichen Gänse aus ein paar Metern Entfernung. Wir sind umringt von Fröhlichkeit und Neugier. Der Badesee ist plötzlich erfüllt von einer merkwürdigen, ungewöhnlichen Nähe zwischen Mensch und Tier.

Die Gänse sind von der Aufmerksamkeit und den Blicken aber herzlich wenig beeindruckt. Ob die Leute sie anstarren, ist ihnen ziemlich egal. Durch mich als Gänsevater haben sie natürlich viel weniger Scheu vor Menschen als wild aufgewachsene Gänse. Sie wollen am liebsten sofort zum Wasser – aber auch ein Gänsevater kann die Bedürfnisse seiner Kinder nicht immer an die erste Stelle setzen. Ich habe einen Riesenhunger und kann bereits die Currywurst riechen. Also marschiere ich direkt zum Kiosk, während die Gänse ein wenig widerwillig folgen.

Ich hab's euch ja gesagt. Riecht ihr das? Jetzt kommt der Mist, den der Typ die ganze Zeit geplant hat.

Kann ja sein, Frieda, aber ich kann nicht anders. Der hat die Hupe!

Und wenn der Schlachter so hupt, Maddin? Läufst du dem dann auch hinterher? Keine zehn Minuten später schiebe ich mir das erste Stück Currywurst in den Mund und bin verzückt. Herrlich!

»Wieso hat eigentlich noch nie ein Fuchs versucht, ein paar Grauganküken auf sich zu prägen?«, überlegt Laura, aber ich kann ihren Gedanken nicht so recht folgen, da ich viel zu sehr auf Calimero achte. Der kleine Rambo muss natürlich sofort untersuchen, was es mit diesem seltsamen, warmen, länglichen und vielleicht feindlichen Gebilde in der Pappschale auf sich hat, das seinen Vater so begeistert.

»Stell dir mal vor«, überlegt Laura weiter, »ein Fuchs kommt genau dann zum Gänseei, wenn es ausschlüpft. Dann denkt das Küken ein paar Sekunden lang: ›Mama, wie siehst du denn aus!‹, und dann wird es von dieser Mama gefressen.«

Ich runzele die Stirn. »Also ich glaub' nicht, dass das so oft passiert.«

»Ich find's jedenfalls traurig.«

»Nein! Calimero! Schnabel weg! Mein Essen!«, fauche ich ihn an. Doch er hat schon seinen Schnabel in das Ketchup-Curry-Gemisch gesteckt.

Was dann folgt, ist für die übrigen Badegäste besonders amüsant. Flügelschlagend und krächzend hüpft Calimero wie ein Kaninchen über die Wiese und versucht, seinen Schnabel im Gras zu säubern. Ich springe auf und laufe zu ihm. Er ist so überrascht von dem seltsamen Geschmack, dass er sich ohne Anstalten auf den Arm nehmen lässt. Das macht er, im Gegensatz zu Paula zum Beispiel, normalerweise nicht. Am Wasser spüle ich seinen Schnabel. Was für Menschen Verzückung bedeutet – die Currywurst – ist leider für Gänse nicht immer gut.

Nachdem die gröbsten Ketchupflecken entfernt sind, setze ich Calimero ans Ufer. Sofort geht eine wilde Putzorgie los und seine Flügel klatschen aufs Wasser, dass es nur so spritzt.

Die übrigen Badegäste sitzen grinsend auf ihren Handtüchern und verfolgen die Show. Schließlich fasst sich die Mutter eines etwa fünfjährigen Buben ein Herz und spricht uns an. »Warum folgen die Enten Ihnen denn auf Schritt und Tritt?«, fragt sie und betrachtet uns voller Verwunderung. »Ich habe so was noch nie gesehen.«

»Ich habe die Gänse auf mich geprägt«, erkläre ich.

»Und wie funktioniert das?«

»Eigentlich ist das gar nicht so schwer. Ich muss nur der Erste sein, den die Gänse direkt nach dem Schlüpfen sehen und riechen. Noch besser ist es, wenn sie meine Stimme schon vor dem Schlüpfen hören, solange sie noch im Ei sind. Und dann brauchen sie ganz viel Zuwendung von mir.«

»So einfach geht das?«

»Na ja, ich lebe mit den Gänsen in einem Wohnwagen. In der ersten Zeit kann ich sie nicht allein lassen. Das ist schon ein großer Aufwand.«

»Also wie bei einem Säugling?«

»Ja. Es geht nur schneller. Viel schneller.«

Eine Weile lang betrachtet die Frau die Gänse. Dann fragt sie: »Kann Enrico die Gänse mal streicheln?« Sie meint ihren Sohn, der sich etwas schüchtern – genauso haben es die kleinen Gänse bei mir auch immer gemacht – schon die ganze Zeit hinter ihren Beinen versteckt.

»Natürlich«, sage ich und sehe mich um. Jetzt brauche ich eine Präsentationsgans – Frieda kommt natürlich nicht infrage. Calimero, der noch mit dem Ketchup-Nachgeschmack kämpfen muss, auch nicht. Ich laufe zu meiner geliebten folgsamen Paula und nehme sie auf den Arm. Bei ihr kann ich mich darauf verlassen, dass sie mir keine Schwierigkeiten macht. Sie lässt sich problemlos hochnehmen und züpfelt sofort liebevoll und sanft an meinen Haaren.

»Das ist Paula«, sage ich zu Enrico und beuge mich mit der Gans zu ihm herunter. »Sie ist ganz weich.«

Enrico streckt seine kleine Hand vorsichtig nach der Gans aus und legt sie auf das Gefieder. Es gibt kaum etwas

Schöneres, als dabei zuzusehen, wie Kinder etwas zum ersten Mal tun. Enrico ist nicht ängstlich, sondern eher neugierig, aber gleichzeitig sehr behutsam. Als er die Textur und die Wärme der Gänsefedern spürt, zeigt sich auf seinem Gesicht ein Ausdruck voller Leben, Neugierde und Überraschung – ein Leuchten, das man bei Erwachsenen selten beobachten kann. Mit den Gänsen zu leben, bedeutet für mich, wieder mehr von diesem Gesichtsausdruck zu bekommen. Sich daran zu erinnern, wie schön und einfach Dinge sind, die man sonst gar nicht mehr sieht.

Ich nehme Enricos Hand und führe sie unter einen Flügel. Dort ist es ganz warm und durch die vielen kleinen Körperdaunen besonders weich und kuschelig. Enrico strahlt.

»Das war sehr mutig von dir«, sage ich, als der Junge zurück zu seiner Mutter hüpft und bin selbst ganz froh. Das sind Erlebnisse, für die man weder Smartphone noch Tablet Apps braucht.

Inzwischen hat sich Calimero wieder beruhigt. Um den Corpus Delicti Wursti macht er einen großen Bogen und läuft zu den anderen Gänsekindern, die faul auf der Isomatte liegen oder einfach nur ein bisschen Gras rupfen. Wir legen uns dazu, und bald höre ich das charakteristische Schlafträllern.

»Ich träller' auch gleich«, sagt Laura, »so müde bin ich.«

Sie legt sich ein wenig abseits ins Gras, um nicht in der Schiss-Schusslinie der Gänschen zu sein. Die Tiere versammeln sich um mich, und wir dösen eine Weile vor uns hin. Nur Maddin ist aktiv und untersucht diesen silbernen, manchmal nach Papa klingenden Gegenstand, der da neben meinem Kopf liegt. Er klopft mit dem Schnabel dagegen und knabbert daran herum. Als Nächstes ist der schwarze Gummibalg dran und schon ertönt ein müdes, aber wohlbekanntes Getröte. Maddin hüpft wie ein Karnickel mit aufgerissenen Augen zur Seite und steht verdattert da. Wahrscheinlich denkt er jetzt: *Der verarscht uns die ganze Zeit – der kann gar nicht selber quaken!*

7 Dinge, die Gänse sehr interessieren
Alles, woran man knabbern und rupfen kann
Schuhbändel, vor allem in Rot
Planschen und baden
Körnerfutter
Gräser, Kräuter und Löwenzahn
Schatten
Wo der Papa ist

Nach 20 Minuten steht Frieda auf, kackt einmal kräftig auf die Isomatte und gibt uns allen damit zu verstehen, dass es nun – *von ihr aus* jedenfalls – weitergehen kann.

Die Badegäste beobachten uns, als wir uns nach dem Nickerchen gemeinsam ins Wasser begeben. Nemo, Calimero, Gloria, Frieda, Maddin, Nils und Paula folgen mir nacheinander ins Wasser und planschen gleich los. Wir schwimmen gemeinsam ein Stück von der Liegewiese weg bis zum nächsten Ufer. Da höre ich lautes Geschnatter und Gekrächze. Das ist genau die Situation, vor der ich seit Wochen Angst habe: Auf dem Wasser kommt uns eine richtige, echte, natürliche Wildgansfamilie entgegen.

Ich fühle mich wie ein seltsamer geschiedener Patchwork-Daddy, dessen adoptierte Kinder plötzlich bei einer Bilderbuch-Vorbild-Familie eingeladen sind. Hoffentlich werden meine Kinder jetzt nicht neidisch! Hoffentlich merken sie nicht, dass ich eigentlich gar kein richtiger Gänsepapa bin! Hoffentlich hauen sie nicht ab! Hoffentlich wissen sie, dass ich sie ganz doll lieb habe!

Während die echte Graugansmama mit ihren vier Gänschen kaum zwei Meter entfernt an uns vorbeischwimmt, komme ich mir vor wie ein erbärmlicher Hochstapler.

»Hallo!«, sage ich. »Wiwiwiwi!« – quasi von gestresster Gansmutter zu gestresster Gansmutter. *Gehen dir deine Gänschen auch manchmal auf die Nerven? Und sind sie auch alle so verschieden?* Die Graugansmama sieht mich ein wenig verdattert an, schwimmt aber weiter, als wäre nichts gewesen.

Doch mehr möchte ich nicht riskieren. Ich rufe: »Gänse, komm, komm!«, und kraule so schnell wie möglich ans Ufer, damit ich wenigstens meine Hupe habe, um die Gänse von der echten Mama zurückzupfeifen. Doch das alles ist gar nicht nötig. Meine lieben, treuen Küken schwimmen brav hinter mir her und zeigen keinerlei Zweifel an meiner Vaterschaft. Ich bin gerührt.

»Hast du echt gedacht, die würden dich einfach so verlassen?«, lacht Laura.

»Na ja, irgendwie schon«, entgegne ich und sehe zum Himmel. Das Wetter hat sich schon wieder geändert. Am Horizont sieht es finster aus, und erste Sturmböen fegen hinten bereits über den See. Eilig packen wir die Sachen zusammen und marschieren zurück zum Parkplatz. Ein

Gewitter steht kurz bevor, und ich habe keine Ahnung, wie sich die Graugänse in freier Wildbahn bei Blitz und Donner verhalten. Deshalb möchte ich unbedingt vorher mit ihnen zu Hause in der Voliere sein.

Aber wie soll ich jetzt Frieda ohne Carport oder sonstige Fixierung wieder zurück in den Transportkäfig bekommen? Auf Fangspielchen bei Blitz und Donner, mitten im Starkregen, habe ich absolut keine Lust. Da bleibt mir nur die harte Methode: Ich muss sie überraschen. Ich lasse mich etwas zurückfallen, bis ich auf ihrer Höhe bin. Dann greife ich mit einem beherzten »So! Hiergeblieben!« unter ihren Bauch und hebe sie auf meinen Arm. Sie weiß gar nicht recht, wie ihr geschieht und beklagt sich natürlich lautstark!

Klar: Diese Aktion ist für Friedas sowieso schon problematisches Verhalten nicht gerade förderlich. Aber mir bleibt einfach keine andere Wahl. Bei den anderen sechs Gänslein reicht das Getreidefutter, um sie zu überzeugen.

Kaum sind wir zu Hause bei der Voliere angekommen, kracht es auch schon mächtig am Himmel. Petrus öffnet alle Schleusen. Wir suchen Unterschlupf in der Voliere und vertreiben uns die Zeit mit Spekulationen darüber, welches Geschlecht die Gänse denn nun eigentlich haben.

Schließlich ist dies von außen noch immer nicht so recht zu sehen und deshalb gleicht die Geschlechtsbestimmung im Grunde einer Kaffeesatzleserei.

Manche Leute glauben, das Geschlecht ganz sicher an der Form der Flossen zu erkennen, andere schwören darauf, dass Gänse und Ganter auf unterschiedliche, charakteristische Weise watscheln. Wieder andere halten die Färbung der Federn für einen untrüglichen Beweis.

Laura hatte inzwischen Zeit, die Persönlichkeit der Gänse zu erleben und zieht nun daraus fröhlich ihre Schlüsse.

»Also, Calimero ist auf jeden Fall ein Mann«, überlegt sie, »da bin ich mir sicher.«

»Und ich glaube, dass Frieda in Wirklichkeit ein Revoluzzer ist und keine Revoluzzerin.«

»Vielleicht ist Frieda aber auch einfach nur störrisch und überempfindlich. Das passt doch wiederum gut zu einer Frau.«

»Bei Paula gibt es keinen Zweifel. Sie ist so unsicher und anschmiegsam.«

»Aber so sind Frauen doch gar nicht!«, widerspricht Laura.

Zum Glück ist der Gewitterspuk nach 20 Minuten vorbei und schon bald zeigt sich wieder strahlende Sonne am Himmel.

Laura verabschiedet sich einzeln von den Gänsen und ruft mir im Gehen zu: »Tschüss, Gänsemichel! Bis bald!«

Vielleicht hat die Anwesenheit von Laura mein Eremitendasein etwas durcheinandergebracht – als ich meinen Lieben eine gute Nacht wünsche und die Voliere gegen halb neun zusperre, überkommt mich das Bedürfnis nach weiterer menschlicher Gesellschaft. Ich beschließe, die Gänsekinder das erste Mal für einige Zeit alleine zu lassen.

Ich schmeiße mich für Gänseverhältnisse in Abendgarderobe, also in völlig *unbeschissene* Klamotten, und fahre nach Radolfzell, wo ich direkt am Bodenseeufer ein gepflegtes Weizenbier bestelle. Das Café ist ziemlich voll.

Zuerst genieße ich die Gesellschaft der vielen Menschen. Doch bald spüre ich vermehrten Stress. Die Menschen kommen mir so hektisch und unruhig vor. Und obwohl die Stimmung am Wasser so wunderschön, erfüllend und friedlich ist, sind ihre Blicke leer. Es fehlt etwas Entscheidendes: Das Leuchten, das ich vorhin bei Enrico gesehen habe.

Meine Wahrnehmung hat sich durch die Gänse verändert. Mein Blick hat sich geöffnet. Aber was sehe ich denn jetzt anders als vorher?

Ich muss an den Maschendrahtzaun denken, der das Gebiet um den Wohnwagen abgrenzt. Vor Kurzem saß ich zwischen den Gänsen, blickte auf den Zaun, doch mir fiel nur der Klatschmohn auf, der in voller Blüte in den Himmel wuchs. Die knallroten Mohnblüten sahen wundervoll aus, getragen von ihrem filigranen dunkelgrünen Stängel. Den Zaun nahm ich nicht einmal wahr.

Wie oft legen wir in unserem gestressten und schnelllebigen Alltag den Fokus nur auf das Falsche oder Negative? Zugegeben, vielleicht gibt es auch Menschen, die grüne Maschendrahtzäune attraktiver als rote Mohnblüten finden, aber das ist nicht der Punkt.

So stolz wir als *Homo sapiens* auf unseren Verstand sind – wir vergessen dabei manchmal, dass uns gerade dieser Verstand gleichzeitig einschränkt. Durch unser Bewusstsein wird alles taxiert und bewertet. Wenn ich eine Blume betrachte, dann habe ich oft schon vorher eine konkrete

Vorstellung davon, wie sie zu riechen hat. Obwohl ich noch gar nicht an ihr geschnuppert habe. Dadurch bringt mich mein Verstand um die Vielfalt der möglichen Eindrücke. Wie wäre es, die Dinge ein wenig mehr mit den vorurteilslosen, instinkthaften Blicken der Tiere zu betrachten? Wie intensiv und schön muss die Welt für eine Gans aussehen!

Ich blicke auf den Bodensee und mir wird klar: Wir können selbst entscheiden, worauf wir unseren Fokus richten. Wie wäre es also, sich zur Abwechslung einmal ausschließlich auf das Schöne zu konzentrieren?

Da sind zum Beispiel die verschiedenen Nuancen von Grün in den Blättern der Bäume. Da sind diese wundersamen, von selbst wachsenden Flügel der Gänse. Da ist die Ruhe, die vom Zusammensein mit den Gänsen ausgeht. Da ist das unverstellte, spürbare Bedürfnis der Tiere nach Nähe.

Und während ich so dasitze und mir wirklich auffällt, wie erstaunlich unterschiedlich die Grünschattierungen in den Blättern und Gräsern sind, spüre ich tief bewegt, dass alles eins ist: Die Natur, in der wir leben, ich, die Gänse, unsere Perspektive und natürlich der Gänsekot.

GANTER UND GÄNSE

»Halt ihn richtig fest! Nur nicht zu zimperlich!«, sage ich, als Nemo sich flügelschlagend aus Lauras Griff befreien will.

»Hat der eine Kraft!«, keucht sie und drückt Nemo noch fester an sich.

Ich setze die kleine, dünne Nadel, die eigentlich für eine Insulininjektion gedacht ist, vorsichtig und leicht schräg an der hervorquellenden Vene an. Da die Venen bei den Gänsen schon groß und dick sind, fast so groß wie bei einem Menschen, lässt sich die erforderliche Menge Blut relativ leicht abnehmen.

Nemo ist trotzdem erleichtert, als er die Prozedur hinter sich hat und watschelt düpiert krächzend davon.

Ich habe mich entschlossen, mir ein für alle Mal Klarheit über das Geschlecht der Gänse zu verschaffen. Zwar könnte ich auch jetzt versuchen, ihr Geschlecht herauszufinden, indem ich ihre Kloake umstülpe, aber das ist noch immer schmerzhaft für die Tiere, und aufgrund meiner fehlenden Erfahrung in der Geschlechtsbestimmung von Graugänsen, würde ich trotzdem keine hundertprozentige

Gewissheit haben. Deshalb entnehme ich jetzt jeder Gans einen Tropfen Blut aus der Oberschenkelvene und schicke diesen zur Analyse an einen befreundeten Wissenschaftler nach Heidelberg.

Bei dieser Gelegenheit werden die Tiere auch gleich gewogen. Nemo ist mal wieder der Schwerste von allem. Er bringt es tatsächlich auf 3,5 Kilogramm. Das sind durchschnittlich 500 Gramm mehr als die anderen Gänse. Nils dagegen wiegt am wenigsten – auch das ist nichts Neues, er war schon von Anfang an besonders klein und zart – was auch daran liegen könnte, dass er als Letzter geschlüpft ist.

Das Wiegen und die Prozedur mit dem kleinen Stich verläuft bei allen Gänsen problemlos. Außer bei einer. Wer hätte es auch anders erwartet?

Frieda, die Drama-Queen, macht natürlich ein Riesentheater. Sie tut so, als würde ich ihr nicht nur einen kleinen Pikser versetzen, sondern sie gleich zwischen Zwiebeln und Karottenstückchen in einen Schnellkochtopf schmeißen. Liebevolles Zureden bringt da gar nichts. Erst als Laura das flatternde Tier mühsam mit beiden Händen fixiert, gelingt es uns nach ein paar Anläufen, ihr den nötigen Tropfen Blut abzuzwacken.

»Friiiieeedaaaa! Ruhig, alles wird gut!«, flüstere ich. »Gleich hast du es geschafft!«

»Gagagaga«, macht sie. Genauso gut könnte ich mit der Birke von gegenüber reden.

Als sie es schließlich geschafft hat, bekommt sie einen Haufen Lob und eine Belohnung in Form einer Handvoll Getreidefutter, das sie sich, obwohl sie weiterhin beleidigt schaut, schmecken lässt.

Nach acht Wochen sind die Flugfedern der Gänse so gut wie fertig. Es wird nun nicht mehr lange dauern, bis sie ihre ersten Hüpfer machen. Täglich kann ich bereits beobachten, wie die Tiere ihre Flugmuskeln kräftigen, indem sie die Köpfe nach oben recken und wie wild mit den Flügeln schlagen. Leider müssen sie jedes Mal zerknirscht feststellen, dass ihre Flügel zwar schon wunderschön sind, sie aber noch nicht in die Lüfte tragen können.

»Michaaa?«, höre ich eine Stimme von draußen. Ich springe auf und mache mich auf den Weg zum Tor. Die Gänse um mich herum hätte ich für einen Augenblick fast vergessen. Einfach hochspringen und weglaufen – das geht als Gänsevater nicht. Dadurch erzeuge ich nur einen sofortigen Alarmstart der Gänse.

Deshalb wird die ganze Rasselbande als Begrüßungskomitee zum Tor mitgenommen und unser Besuch – Tom – ist sichtlich amüsiert über die Gänsefamilie, die ihn da willkommen heißt.

Tom sieht ein bisschen aus wie Crocodile Dundee, ist aber ein befreundeter Falkner aus Bayern. Er ist Experte dafür, wie man Adlern und anderen Vögeln kleine Rucksäcke mit Kameras aufsetzt, ohne die Tiere zu sehr zu beeinträchtigen.

Im letzten Jahr hat er zwei Steinadlern – Arjas und Torron – jeweils hochauflösende Minikameras auf dem Rücken fixiert. Dazu hat er ein raffiniertes Gurtzeug aus Kohlefaser entwickelt, auf dem sich die Kamera so befestigen lässt, dass man sogar verschiedene Perspektiven einstellen kann. Und der Clou: Das Gurtzeug ist so perfekt angepasst, dass es Arjas beim Fliegen überhaupt nicht stört. Die daraus entstandenen Filme waren unglaublich: Ein Erlebnis aus der Perspektive von Steinadlern, die hoch über die Dolomiten fliegen. Wenn man sich das anschaut, kommt man sich vor, als fliege man selbst auf dem Rücken des Adlers durch die Lüfte. Und genau das möchten wir auch mit einer Gans testen.

Tom soll sich die Gänse einmal anschauen, um anhand der Federentwicklung zu beurteilen, wann die Tiere flugfähig sein werden. Ich merke zwar, dass die Gänse beim Flügelschlagen schon mal ganz kurz vom Boden abheben, würde von Tom aber gerne wissen, wie lange es jetzt ganz konkret noch dauert.

Tom trägt Bergstiefel mit außerordentlich schönen Schuhbändeln, und die Gänse machen sich natürlich sofort daran zu schaffen. Erst nachdem ich ihn aus den Krallen des Gänsemobs befreit habe, können wir bei einem Kaffee den Tag besprechen.

Wir wollen das Kohlefasergurtzeug zuerst auf dem breiten Kreuz von Nemo ausprobieren. Daher fackele ich nicht lange, sondern bewaffne mich mit Leckerlis und setze Nemo auf meinen Schoß. Er frisst mir das Getreide so gierig aus der Hand, dass er gar nicht bemerkt, wie Tom ihm das Gurtzeug auf den Rücken legt.

Erst als wir die Klettverschlüsse schließen, fällt ihm auf, dass da an seinem Bürzel doch etwas anders ist. Aber Nemo flattert deswegen nicht wild herum, er macht etwas viel Vernüftigeres: Er fängt an, den Hightech auf seinem Rücken mit dem Schnabel zu untersuchen.

»Super, Nemo! Alles gut! Du machst das ganz toll!«, flüstere ich ihm beruhigend ins Gänseohr und streichle ausgiebig seinen langen Hals. Dann breite ich seine Schwingen aus, um Tom den Entwicklungsstand der Flugfedern zu zeigen.

Toms Diagnose lautet: »Es kann jetzt jederzeit so weit sein!«

»Wirklich?« Ich bin überrascht und spüre einerseits Vorfreude, andererseits eine leise Wehmut, dass die Tiere bald wirklich erwachsen und *flügge* sein werden.

Mit seinem Rucksack setze ich Nemo vorsichtig von meinem Schoß ins Gras. Seine Stimmung ändert sich schlagartig: Wie verrückt hüpft er durch den Auslauf und versucht mit aller Kraft, das Ding loszuwerden. Wahrscheinlich hat er erst jetzt den leichten Zug an seinen Oberschenkeln bemerkt und begriffen, dass das Gurtzeug nichts mit mir zu tun hat, sondern tatsächlich an seinem Körper befestigt ist.

»Das ist völlig normal«, sagt Tom, »gib' ihm einfach ein paar Minuten.«

»Der Arme«, kommentiert Laura.

Ich beobachte Nemo mit schlechtem Gewissen. Einerseits habe ich ihn ja aufgezogen und möchte nichts tun, was ihm unangenehm ist – andererseits ging es bei der Aufzucht immer auch um ein Experiment und da gehören gewisse Stresssituationen für die Tiere einfach dazu.

Doch es dauert kaum fünf Minuten, dann setzt sich Nemo ins Gras. Allerdings sieht er mich dabei vorwurfsvoll an. Wir lassen das Gerät noch weitere zehn Minuten auf seinem Rücken, dann nehme ich es – behutsam und mit einer ganzen Handvoll Körnerbelohnung – wieder ab.

Nach einem Entspannungsbad im Bach verladen wir zwei Stunden später die Tiere in den VW-Bus und nehmen Kurs auf den Flugplatz. Das alles kennen die Gänse inzwischen gut – ängstlich sind sie deswegen nicht mehr. Im Gegenteil: Im Bus stoßen sie immer wieder ohrenbetäubende Krächzer der Vorfreude aus. Auf dem Flugplatz lassen wir die Gänse sofort aus dem Käfig. Wie immer machen sie sich daran, fein säuberlich den Rasen zu mähen.

Das Training ist für die Gänse bereits Routine. Als ich startbereit im Flugzeug sitze und auf die Ballhupe drücke, springen sie hoch, rasen wie wild zu mir und stellen sich von ganz alleine in eine günstige Position rechts unter den Flügel.

Ich gebe Vollgas und bin erstaunt, dass die Gänse zum ersten Mal nicht nur hinterherrennen, sondern so motiviert sind, dass sie sogar eine Zeit lang vor mir bleiben. Sie laufen schneller als der Atos!

Nach ungefähr 150 Metern gehe ich vom Gas, wende das Flugzeug und wiederhole den Vorgang. Dieses Mal rolle ich direkt auf Tom zu.

Plötzlich sehe ich, wie er begeistert die Arme hochreißt und anfängt zu jubeln. Er springt und hüpft auf der Wiese herum. Ist schon toll, wie ich das mit dem Flieger und den Gänsen mache, denke ich. Aber sooo wahnsinnig außergewöhnlich war das jetzt auch nicht, oder?

Ich stelle den Motor ab, nehme den Helm vom Kopf und schaue ihn fragend an.

»Hast du das gar nicht mitbekommen?«, sprudelt es aus ihm heraus. »Die Gans mit dem orangenen Ring am Fuß ist gerade ein paar Meter geflogen!«

»Ehrlich?«

»Ja! Ganz bestimmt! Zwar nur 30 Zentimeter über dem Boden und fünf Meter weit. Aber die Gans war definitiv in der Luft!«

Ich drehe mich zu Calimero um und schaue ihn begeistert an. »Juhuu! Super gemacht! Wiwiwiwi! Ich bin stolz auf dich! Calimero, du bist großartig!«

Ich lasse mich auf den Rücken ins Gras fallen und blicke in den Himmel. Es ist also bald so weit. Mich durchflutet eine Freude, die mich selbst überrascht. Minutenlang liege ich einfach nur da und gaffe Calimero und die restlichen Gänse an, als wäre ich von ihnen beseelt. Und das bin ich wirklich! Die Erdung, die von den Tieren ausgeht, ist wie ein Geschenk.

Calimero versteht die Aufregung natürlich nicht.

Alter, jetzt chill mal deine Basis, das war doch gar nix. Das war eine meiner leichtesten Übungen.

Dass Calimero als Erster abhebt, hätte ich nicht gedacht. Ich hätte eher auf Gloria getippt. Aber vielleicht habe ich ihm mit meiner Einschätzung als Rambo auch Unrecht getan und er ist eher ein erstklassiger Gänseseal-Elitesoldat.

Beim Wohnwagen veranstalten wir zur Feier des Tages ein Barbecue. Natürlich nicht *mit* Calimero, sondern *für* ihn!

Frieda liegt währenddessen wieder einmal unter dem Wohnwagen und frönt ihrer Neurose.

»Friedalein, du sture Gans! Komm' doch ein bissel zu uns! Komm, Frieda, koooom«, rufe ich sie. Aber da ist nichts zu machen. Wie eine auf dem AKW-Kühlturm angekettete Greenpeace-Aktivistin verharrt sie unnachgiebig unter dem Wohnwagen und straft meine Lockrufe mit Verachtung.

»Ich sag's ja: ein echter Che Guevara unter den Gänsen!«

»Wohl eher eine störrische Gans«, bemerkt Laura.

Wenigstens schmecken die Maiskolben und das gegrillte Gemüse köstlich. Für meine bescheidenen Wohnwagenverhältnisse ist das seit langer Zeit das erste Festmahl. Auch für die Gänse gibt es heute etwas Besonderes: Getreidekerne an pflückfrischem Bio-Löwenzahnsalat.

Laura steigt auf ihr Fahrrad, Tom in sein Auto, und ich bin plötzlich wieder allein mit mir und meinen Gänsekindern.

Mit einer Dose Bier setze ich mich ins Gras und merke: Das friedliche Gefühl vom Flugplatz ist noch nicht verschwunden. Es ist immer noch da, einfach so.

Gloria kommt angewatschelt, untersucht meine nackten Füße und ist etwas enttäuscht, dass gar keine Schuhbändel dran sind. Nachdem sie meine Zehen eingehend beknabbert hat, kuschelt sie sich schließlich unter meinen Oberschenkel und beginnt mit dem Schlafträllern. Das Geräusch hat eine fast schon hypnotische Wirkung auf mich. Ich schließe die Augen.

Aber nur fünf Sekunden lang. Dann spüre ich einen Schnabel an meinen Augenbrauen. Es ist Maddin, der meistens sehr vorsichtig ist, deshalb lasse ich ihn gewähren. Meine Augenbrauen und Haupthaare können eine gründliche Reinigung durchaus vertragen. Ich weiß nicht, welches Ungeziefer Maddin aus meinen Haaren zupft, aber nach einer Weile kuschelt er sich an meinen Kopf. Ich bin noch immer so froh über die Nähe dieser Tiere!

Es wäre natürlich seltsam und irgendwie schräg, wenn ich Maddin jetzt »Ich liebe dich, Maddin!« zuflüstern würde, und ich mache es auch nicht. Dann würde man mich wahrscheinlich endgültig für verrückt erklären.

Ich sehe schon, wie ich in einem weiß gestrichenen Raum ohne scharfe Gegenstände vor einem Psychiater sitze, der mich ganz geduldig fragt: »Herr Quetting, Sie nennen sich also den Gänsemichel?«

»Ja, das stimmt.«

»Und Sie sagen, Sie *lieben* Ihre Gänse? Können Sie das noch mal wiederholen?«

Das will ich lieber nicht. Irgendwo in diese Richtung geht mein Gefühl für die Gänse aber wirklich. Ich spüre Maddins weiches Gefieder und seinen Atem direkt an meinem Ohr. Das Besondere ist: Ich habe nicht nur das Gefühl, die Gänse zu lieben, ich spüre auch, dass von ihnen etwas zurückkommt.

Oft wird ja, überlege ich, für den Tierschutz geworben, indem an unsere Gefühle appelliert wird: »Helfen Sie den Tieren, denn sie sind so lieb und süß und schön.« Doch das ist die Perspektive der Menschen. Die Tiere sollen unsere Bedürfnisse erfüllen. Doch was, wenn wir vielmehr gewinnen könnten, wenn wir uns um *ihre* Bedürfnisse kümmerten? Vielleicht könnten wir dadurch wieder eine Verbundenheit mit der Natur erfahren und wären am Ende viel glücklicher. Ist das verrückt?

Am nächsten Morgen essen wir alle Körner. Ich allerdings in gequetscher Form – als Haferflocken in meinem Müsli. Die sieben Gänsekinder sind energiegeladen und laut, überall ist ein Geschnatter und ein Geflatter. Doch plötzlich werden sie ganz still und scheinen zu lauschen, was um sie herum passiert.

Nicht weit von uns raschelt es in den Zweigen am Waldrand. Ich greife langsam und vorsichtig nach meinem Fernglas und entdecke ein Rehkitz, das sich völlig unbesorgt aus dem sicheren Dickicht aufs große, abgemähte Feld wagt. Der Wind weht in die falsche Richtung, deshalb kann es die Witterung meines, mittlerweile wahrscheinlich recht herben, Geruchs nicht aufnehmen.

Das Rehkitz steht da, horcht mit seinen Fellohren und schaut mit seinen großen, dunklen Augen in die Welt. Das braune Fell sieht durchs Fernglas so nah aus, als könnte ich es mit einer ausgestreckten Hand berühren. Es ist mit weißen Punkten übersät.

Rehkitze können nicht den ganzen Tag ihrer Mutter folgen, deshalb liegen sie oft stundenlang zwischen Blättern im Unterholz. Da sind die weißen Punkte und das braune Fell eine perfekte Tarnung – sie verschmelzen förmlich mit ihrer Umgebung.

Wie scheu und vorsichtig es dort mit seinen langen Beinen steht! Es ahnt ja nicht, dass ich es beobachte! Leider ist in dem Fernglas noch keine Fotoautomatik integriert. Sonst würde ich ein Bild machen, bevor es wieder verschwindet.

»Ssssch! Schön leise!«, zische ich den Gänsen zu und sehe mich vorsichtig um. Der Fotoapparat liegt in meinem Rucksack am anderen Ende der Bierbank. Daher hebe ich meinen Hintern leicht an und mache behutsam einen Schritt in seine Richtung.

Ohne das Reh aus den Augen zu lassen, schiebe ich meine Hand ganz langsam nach vorn. Da stolpere ich plötzlich über Frieda, die auf meinem Fuß geschlafen hat. Das Tier springt mit einem ohrenbetäubenden Krächzer auf und flitzt unter den Wohnwagen, ich verliere das Gleichgewicht, bin für eine Sekunde ein Gymnastik-Stillleben – ein Fuß auf der Bierbank, ein Fuß ausgestreckt in der Luft –, bevor ich mit voller Wucht laut fluchend auf die Holzveranda in die Gänsekacke krache.

Mit Gänseschiss an der Stirn kann ich gerade noch den weißen Hintern des in Bocksprüngen davonhopsenden Rehs bewundern.

7 Dinge, die Gänse leider nicht können
Lachen
Sprechen
Mit der Stirn runzeln
Andere Tiere mit dem Fernglas beobachten
Ihr Geschlecht auf einem Formular angeben
Den Menschen das Fliegen beibringen
Sich gegen die Menschen wehren

Ich wische mir das Gesicht sauber, rufe den Gänsen »Keine Angst, gar nichts passiert!« zu und setze mich wieder auf die Bierbank unter das Sonnensegel. Das Reh ist zwar weg, aber es sind schließlich noch genügend andere Tiere da, die ich stattdessen beobachten kann.

Der Hund Jürgen hat sich in letzter Zeit nicht mehr oft blicken lassen, aber da ist zum Beispiel der Mäusedieb Fridolin, der gerade mal wieder eine große Ladung Körnerfutter davonschleppt. Ich drohe ihm mit der Faust, aber ich mache mir keine Hoffnungen, ihn heute zu erwischen. Dafür ist das kleine Vieh viel zu flink.

Auch die Kohlmeisen im Nistkasten am nächsten Baum sind noch da: Ihre Küken sind schon seit einiger Zeit geschlüpft und hocken hungrig in ihrem Nest. Gebrütet werden muss nicht mehr, deshalb fliegt jetzt auch Ilse den ganzen Tag herum und sucht jede Menge kleinste Schädlinge für ihren Nachwuchs.

In dieser Beziehung sind Ilse und Horst also ziemlich fortschrittlich – sie teilen sich ihre Elternaufgaben gleichmäßig und gerecht auf.

Allerdings habe ich nicht genau nachgezählt: Es kann durchaus sein, dass Horst jede zweite oder dritte Fütterung auslässt und dann lieber mit seinen Kohlmeisen-Kumpels irgendwo in den Bäumen abhängt und Lieder grölt. Vielleicht schleppt er auch dicke Zweige sinnlos von einem Baum zum anderen, nur um zu zeigen, wie stark er ist.

Das Ergebnis aus dem Labor kommt nach vier Tagen. In meinem Posteingang ist eine E-Mail von dem Kollegen aus Heidelberg. Der Betreff lautet: Gänsegeschlecht.

Sir Nemo, von welchem Gänsegeschlecht stammen Sie eigentlich ab?

Äh, halt einfach vom Gänsemichel!

Ich bin etwas nervös, als ich den Anhang öffne und das

Gutachten lese, muss ich die Augen zusammenkneifen: Wie bitte? Das kann doch nicht sein!

Ich bitte um eine schriftliche Bestätigung und prompt kommt ein Bildbeweis des Analyseergebnisses.

Das Ergebnis lautet: Wir sind eine reine Männergruppe. Lauter Ganter. Keine einzige Gans! Nicht mal die liebe, süße, schlaue und kuschelige Paula! Und Gloria auch nicht! Aber mit Frieda hatte ich recht. Sie ist ein störrischer Frieder, der ein Autoritätsproblem hat – und zwar mit mir! Er muss sich einfach gegen alles auflehnen, was ich vorschlage, und wahrscheinlich hängt das vor allem mit Frieders eigener Unsicherheit zusammen.

Paula ist also ein ganz lieber, schutzbedürftiger Paul. Und Gloria – sie ist nicht die größte Schwester, sondern der größte Bruder. Soll ich jetzt Glorius oder Glorio sagen? Glorius hört sich irgendwie an, als wäre die Gans ein entlaufener Mönch aus dem Kloster – deshalb entscheide ich mich für Glorio. Bei ihm ist die Unsicherheit, die Frieder so sehr beschäftigt, überhaupt nicht zu spüren. Vielleicht liegt das daran, dass er der Älteste der Gruppe ist und somit auch das größte Gänsekind. Direkt nach dem Schlüpfen hatten wir beide den engsten Kontakt – deshalb verbindet mich mit ihm auch ein besonders intensives Band. Glorio ist ein souveräner großer Bruder und inzwischen neben Nemo der akzeptierte Anführer. Er muss sich und den anderen nichts beweisen und sich gegen niemanden wirklich behaupten. Die erste Nacht unter meinem Pulli mit mir allein kann ihm niemand mehr nehmen – vielleicht strahlt Glorio auch deshalb eine so große Sanftmut aus.

Der vollautomatische Brutschrank mit eingesetzter Schlupfhorde

Körperkontakt schafft die so wichtige Bindung

Einfach »sein« und die Natur entdecken

Sitzung mit Papa

Paddeln auf dem Schlossteich

Immer schön dranbleiben!

Der Typ verarscht uns doch …

Benutzt eure Flügel!

Das Schuhbändelspiel

Baden macht müde:
Nur Nemo kann wiedermal nicht genug bekommen.

Eine kühle Dusche ist das beste Mittel
gegen die drückende Hitze.

Alle dem Kapitän hinterher!

Eine besondere Form der Gesichtspflege

Die Schwungfedern stecken noch in ihren blauen Hornhüllen. Bald ist es so weit!

Datenauswertung an der Powerwall der Universität Konstanz

Nils bekommt seinen Datenlogger
und fliegt im Dienste der Wissenschaft.

Paula als Fluggast

Paula nach dem Ausstieg auf 1500 Meter

Endlich in Formation mit meinen Gänsekindern

Aus dem Weg, ich will jetzt echt landen!

Wir versuchen uns im Formationsflug.

Peace of Mind

FLIEGEN

Der Wind weht mit etwa zehn Kilometern pro Stunde aus Nordost, der Himmel ist wolkenlos. Wir stehen auf einem grasbewachsenen Hügel und blicken hinunter auf die Volierenanlage.

Über uns kreist ein Bussard und stößt immer wieder spitze Schreie aus, doch Greifvögel sind für uns längst keine Gefahr mehr. Die Gänse sind zu groß und vor allem zu schwer, um noch als Imbiss für einen Bussard infrage zu kommen. Das Wetter ist warm, aber nicht heiß – die Bedingungen sind perfekt. Was gibt es Schöneres, als seinen Kindern das Fliegen beizubringen?

Der Wind weht uns entgegen – genau richtig also, um ein bisschen Auftrieb unter die Flügel zu bekommen –, und ein Grünspecht auf dem Baum nebenan sorgt mit seinem Hämmern für einen dramatischen Trommelwirbel. Es kann beginnen!

Die Gänse sind ausgeruht. Gerade noch waren wir planschen am Staudamm. Der Wasserstand in unserem Bach ist momentan nämlich sehr niedrig und reicht nicht aus, damit die Gänse tauchen und richtig schwimmen können.

Also habe ich einfach drei alte Holztafeln hinter dem Wohnwagen hervorgeholt und sie von der Brücke ins Bachbrett gerammt – fertig war unser kleiner Staudamm. Der Wasserspiegel des Bachs stieg bald um zehn Zentimeter, und die Gänse verstanden sofort, dass aus dem Bächlein ein kleiner See geworden war. Nemo sah sich das Staubecken von der Brücke aus an, wackelte mit dem Schwänzchen, trippelte von einer Flosse auf die andere und sprang hinunter.

Aus fast einem Meter Höhe schlug er mit einem lauten Platsch zwischen den anderen Gänsen ein und es entbrannte eine regelrechte Wasserschlacht. Ich hätte nie geglaubt, dass eine Gans so etwas macht. Aber wer hat gesagt, dass Vögel nicht auch ihren Spaß haben wollen?

Wie gefiederte Torpedos tauchten die Gänse durchs Wasser und schlugen wie wild mit den Flügeln. Ich saß auf der Brücke und wurde klitschnass gespritzt. So nass, dass ich einfach in meinen Klamotten ins Wasser sprang und am frühen Morgen ausgiebig mit den Gänsen planschte. Nicht nur das kalte Bachwasser war sehr erfrischend – auch die ansteckende unverstellte Lebensfreude der kleinen Gänse.

Nicht, dass die Gänse immer nur fröhlich und bester Stimmung wären. Aber wenn sie es sind, dann sind sie es ganz. Dann gibt es nichts Aufgesetzes, keine Künstlichkeit und nichts Gespieltes an ihrer Laune.

Auf dem Hügel bücke ich mich zum Boden und überprüfe die Flugfedern der Gänse. Die blauen Köcher sind bereits alle aufgebrochen, und die Federn liegen an den

Enden versetzt übereinander – wie ein hauchdünnes, bewegliches Ziegeldach. Die Federn sind unglaublich weich und doch vollkommen wasserdicht. Als ich mit der Hand darüberstreiche, kann ich kaum glauben, dass sich dieses prächtige Federkleid aus dem gelben Kükenflaum entwickelt hat.

Bei den Gänsen fügen sich die verschiedenen Federn – die weicheren Deckfedern und die längeren Schwung- und Schwanzfedern – perfekt zusammen. So entsteht ein isolierendes und wärmendes, aber gleichzeitig flugfähiges, nicht zu schweres Gefieder. Es ist überhaupt erstaunlich, wie unterschiedlich die Federn von Vögeln sein können und wie ideal sie zu den Bedürfnissen der jeweiligen Vögel passen. Die Flugfedern eines Uhus sind zum Beispiel besonders weich. Deshalb kann ein Uhu – im Gegensatz zu einem Schwan, dessen Federn viel härter sind – nahezu lautlos durch die Luft gleiten.

Ich schiebe bei jeder Gans die Flügel vorsichtig ein Stück zur Seite. Meiner Meinung nach sind alle Federn auf dem gleichen Entwicklungsstand wie die Federn von Calimero. Theoretisch müssten die Gänse also abheben können.

»Ihr schafft das!«, sage ich. »Ihr könnt das! Ihr werdet schon sehen!«

Mir fallen meine ersten, mühsamen Flugversuche als Drachenflieger wieder ein. Am Anfang war das Fliegen für mich vor allem hartes Ausdauertraining – für die ersten kleinen Hüpfer musste ich den Flugdrachen und das Gurtzeug immer wieder den Übungshang hochschleppen. Dadurch wird einerseits die Muskulatur gekräftigt, andererseits wird einem schmerzlich bewusst, dass man als Mensch einfach nicht zum Fliegen geboren wurde und einen Riesenaufwand betreiben muss, um überhaupt in die Luft zu kommen. Trotzdem ist Fliegen eines der schönsten Dinge, die man überhaupt tun kann.

Die Gänse stehen in einer Reihe hinter mir. Ich blicke die Wiese hinunter, breite die Arme aus und rufe: »So ihr Lieben! Komm, Gänse, komm, komm, komm!«

Ich tröte laut mit der Ballhupe und renne wie eine angeschossene Wildsau mit fuchtelnden Armen den Berg hinunter, verfolgt von sieben halbstarken Gänsekindern.

Ich muss aufpassen, dass mich meine eigenen Füße nicht überholen, erst recht, als Calimero, Frieder und Glorio in einem Meter Höhe an mir vorbeifliegen. Sie recken ihre Hälse nach vorn und haben die Flügel weit ausgebreitet. Meine Gänse fliegen! Sie fliegen wirklich!

Es gibt beim Fliegen eine ganz wesentliche Tatsache, die man erstaunlicherweise leicht vergisst: Jeder Flug endet mit einer Landung. Das ist unausweichlich. Und eigentlich sollte man vor der Landung mehr Angst haben, als vor dem Fliegen.

Als ich mit dem Flugdrachen in der Flugschule meinen ersten richtigen Höhenflug unternahm, erkannte ich die Gültigkeit dieser Tatsache plötzlich ganz klar. Ich hatte beim Training vor allem an das Abheben gedacht und daran, wie es in der Luft sein würde.

Oben war es wunderschön und zugleich beängstigend. Die Luft fühlte sich weich, anschmiegsam und ungefährlich an, der Boden hingegen war hart, unerbittlich und gnadenlos. Ich glitt durch den Himmel, sah Stromleitungen und Baumkronen näher kommen und begriff, dass Abheben und Losfliegen überbewertet waren. Viel entscheidender war, wie man es wieder nach unten schaffte.

In der Luft war ich völlig allein – der Fluglehrer am Startplatz hatte vergessen, mein Funkgerät einzuschalten. Wie laut er auch von unten rief, er konnte mich nicht erreichen. Ich krallte mich verzweifelt am Steuerbügel fest.

Jede Landung, hatten wir gelernt, lässt sich in Gegen-, und Quer- und Endanflug einteilen – somit ist eine Landung nichts anderes als eine Flugbewegung im Viereck nach unten. Doch was ich in der Flugschule unzählige Male geübt hatte, kam mir mit einem Mal sehr theoretisch vor.

Theorie ist etwas, das Tiere weder kennen noch brauchen. Den theoretischen Teil des Fliegens gibt es bei Gänsen nicht. Keine Gänsemutter *erklärt* ihren Kindern, wie sie beim Fliegen vorgehen sollen. Sie schnäbelt keine aerodynamischen Pfeile in den Sand, sie bemüht sich nicht um Veranschaulichung und didaktische Vielfalt, sie stellt keine Hausaufgaben zur Sicherung des Gelernten – sie gibt überhaupt keinen Flugunterricht.

Eine Gänsemutter verlässt sich darauf, dass ihre Kinder das Fliegen im Grunde schon beherrschen – die Koordination der Bewegungen beim Abflug, Fliegen, Bremsen und Landen sind bei den Gänsen angeboren. Sind die Flugfedern einmal ausgebildet, dann können die Gänse fliegen. Sie wissen es nur noch nicht, denn sie haben es noch nie ausprobiert. Man könnte auch sagen: Ihnen fehlt lediglich die Erfahrung. Deshalb hat eine Gänsemutter eine ganz wichtige Aufgabe: Sie muss ihre Gänse an die Flosse nehmen und ihnen Vertrauen einflößen. Eine Gänsemutter erklärt ihren Kinder nichts, und sie warnt sie auch nicht. Sie *begleitet* sie bei Erfahrungen.

Manchmal habe ich das Gefühl, dass diese Art der Begleitung bei der menschlichen Erziehung zu kurz kommt. Wenn wir versuchen, unsere Kinder vor allen Risiken zu schützen, verhindern wir, dass sie die notwendigen Erfahrungen machen, um mit diesen Risiken umzugehen. Und wird die Angst vor dem, was passieren könnte, nicht größer, je mehr man theoretisch über die Folgen nachdenkt? Machen Versicherungsunternehmen uns im Grunde anstatt sicherer nicht ängstlicher vor dem Leben?

Gänse denken über all dies nicht nach. Allerdings ist es für sie auch einfacher, sich nicht mit Risiken auseinanderzusetzen – schließlich gibt es keine Graugänse, die ihre Körner als Versicherungsvertreter verdienen und deshalb ständig vor allen möglichen Risiken warnen müssen.

Tatsächlich sind die ersten Flugerfahrungen auch für Gänse nicht ungefährlich. Es kann durchaus vorkommen, dass sie ihre Flügel zu ungeduldig benutzen, beim ersten Flug zu schnell starten, aber noch nicht bremsen können und dann zum Beispiel versehentlich gegen eine Hauswand fliegen. Es kann auch sein, dass eine fliegende Gans sich nicht traut, zu landen, lieber in der Luft bleibt und dadurch den Anschluss an ihre Familie verliert.

So ähnlich ging es mir bei meinem ersten Alleinflug mit dem Drachen. Steif wie ein Brett hing ich in der Luft. Man hätte die Gurtzeugaufhängung wahrscheinlich auch durchschneiden können, an meiner waagerechten, am Steuerbügel meines Airwave Calypso festgekrallten Lage, hätte das nichts geändert. Dabei *wusste* ich eigentlich sehr genau, wie eine Landung auszusehen und zu erfolgen hatte. Die Wind- und Sichtbedingungen waren auch keineswegs ungewöhnlich – was mir in diesem Moment fehlte, war lediglich ein bisschen Vertrauen. Der Glaube daran, dass ich das erlernte Wissen auch umsetzen konnte.

Dann sah ich, wie sich die anderen Flugschüler mit meinem Fluglehrer (sein Motto war: Wenn's brenzlig wird, erst mal Zigarette anzünden) unten auf dem Landefeld zu einer Schlange formierten. Ich verlor noch ein paar Höhenmeter, bis ich mit einem Erleichterungsschrei begriff: Sie wollten mir von dort unten zeigen, welche Landerichtung ich einschlagen sollte. Formierten sie sich quer zur Landebahn, dann hieß das: Ich sollte den Querflug einleiten. So lotsten sie mich nach unten, bis ich schließlich mein Bein-Fahrwerk ausfahren konnte und über die wunderbare, sichere, geliebte Wiese rannte, sobald ich sie unter den Füßen spürte.

Es sieht kinderleicht aus, wie Calimero, Frieder und Glorio mit den Flügeln schlagen und an mir vorbeiziehen. Ich denke an den Flug von Nils Holgersson, und vielleicht glaube ich tatsächlich ein paar Sekunden lang, dass ich nur die Arme ausstrecken muss, um mich emporzuschwingen, oder dass ich auf dem Rücken von Glorio mitfliegen könnte, hoch in die Lüfte und über alle Hindernisse hinweg.

Jedenfalls übersehe ich völlig, dass die Wiese bereits zu Ende ist und die Volierenanlage beginnt.

»Stooopp, Gänse, laanden! Komm, komm«, schreie ich und komme dank meiner Bodenhaftung noch gerade so vor der Volierenwand zum Stehen.

Leider kann man das von meinen Fluggänsen nicht behaupten. Die drei landen allesamt auf dem großen, mehrere Meter hohen Volierendach. Calimero und Glorio bleiben oben sitzen, Frieder bekommt eine Windböe ab, wird noch ein Stückchen weiter geweht, poliert mit seinem Daunenpopo das Dachblech auf Hochglanz und verschwindet, als ihm das Dach ausgeht, laut krächzend zwischen den einzelnen Volieren. Ich sehe nicht, wie er aufkommt, doch ich weiß, dass er sich auf dem Steinboden dort leicht verletzen kann.

»Frieder!«, rufe ich. »Wo bist du? Frieder!«

Die restlichen vier Gänse verstehen die Aufregung nicht. Sie interessieren sich viel mehr für das saftige Gras vor der Anlage. Ich renne den Volierenhauptgang entlang und stelle mir Frieder schon vor, wie er mich mit gebrochener Flosse voller Enttäuschung ansieht. *Ich war doch eh die ganze Zeit dagegen. Ich wusste, dass so was passiert.*

Deshalb traue ich meinen Augen kaum, als er entspannt um die Ecke gewatschelt kommt und mich anschnattert, als wollte er sagen: *Alta, wat regste dich auf? War doch'n geiler Flug. Gehen wir noch mal hoch?*

»Frieder!«, japse ich ihm entgegen. »Was bin ich froh, dass dir nichts passiert ist! Lass dich anschauen, komm her!« Ich versuche, ihn auf den Arm zu nehmen, um ihn wegen des kleinen Schreckens zu trösten, doch er kackt mir bloß vor die Füße und flitzt zu den anderen auf die Wiese, wo er mit freudigem Geschnatter begrüßt wird.

Calimero und Glorio hocken unterdessen immer noch auf dem Dach. Wie soll ich sie da nur wieder runterbekommen? Eine Leiter hilft mir nur wenig – das Dachmaterial ist so dünn, dass es mich nicht aushalten würde.

Also hupe ich und rufe, aber da ist nichts zu machen. Gerade eben sah es noch aus, als wären die beiden stolz auf ihre Flügel, doch jetzt haben sie keine Lust mehr, diese Flügel nur einmal kurz zu benutzen, um sich vom Dach heruntergleiten zu lassen. Wie zwei eigensinnige Krähen bleiben sie oben sitzen und schauen herunter.

Gutes Zureden hilft überhaupt nicht.

Irgendwie versteh' ich den nicht. Erst macht er 'nen Riesenaufstand, dass wir hochfliegen sollen, dann regt er sich auf, dass wir nicht mehr runterkommen. Verstehst du das?

Nö. Aber jetzt wollen wir mal sehen, wer an der längeren Flosse sitzt.

Mir bleibt nur eine mühsame und etwas dämliche Methode, mit der man auch Katzen unter einem Bett hervorscheucht. Ich stehe auf der Leiter und wedle mit einem langen, mit rot-weißem Absperrband umwickelten Besen vor den Gänsen herum – gerade als Laura angeradelt kommt.

»Micha«, ruft sie mir zu, »bist du jetzt völlig verrückt geworden?«

»Nein, ich mache nur Gymnastik mit meinem Besen.«

»Ich dachte schon, du bringst den Gänsen Kunststücke bei«, sagt sie lachend.

Keine fünf Minuten später steht sie allerdings ebenfalls mit einem Besen auf der Leiter und redet auf die beiden Gänse ein.

»Wenn ihr jetzt nicht runterkommt, dann müsst ihr die ganze Nacht auf dem Dach bleiben, und dann kann ich mich nicht mehr um euch kümmern!«, erkläre ich, aber Logik hilft ebenso wenig weiter, wie Füttern, Fluchen oder Scheuchen.

Ich probiere es mit Drohungen: »Fliegt jetzt endlich runter, sonst lad' ich euch zu Weihnachten ein, aber nicht als Gäste!«

Laura unterstützt mich mit Ultimaten: »Ich zähle jetzt bis drei!«, und mit Belohnungen: »Hier unten gibt es superleckere Körner und superleckeren Löwenzahn!«

Doch wenn eine Gans nicht will, dann will sie nicht. Gänse sind eben nicht schon seit Generationen daran gewöhnt, auf den Menschen zu hören und ihm zu folgen. Sie sind wilde Tiere, die sich niemandem unterordnen müssen.

Ich weiß zwar, dass es eigentlich meine Schuld ist, dass die beiden Gänse überhaupt auf dem Dach sitzen, aber irgendwie nervt mich dieses Verhalten schon. Und da ich die Gänse eben gerade nicht erreichen kann, muss ich meine Wut an einem kleineren Tier auslassen. Als ich direkt beim Wohnwagen die Maus Fridolin entdecke, die mal wieder das Küken-Starterfutter davonschleppt – renne ich ihr hinterher, in der etwas unrealistischen Hoffnung, sie diesmal zu schnappen.

Doch obwohl die Maus eigentlich viel schneller und wendiger ist, huscht sie nicht einfach übers Feld, sondern bleibt stehen und glotzt mich an. Von mir als großem gefährlichen Menschen ist Fridolin offenbar völlig unbeeindruckt.

Langsam gehe ich auf den kleinen Kerl zu und beuge mich zu ihm hinunter. Er ist so perplex oder zutraulich, dass ich ihn tatsächlich mit einer blitzartigen Handbewegung packen kann. Ich flüstere ihm zu: »So, Fridolin, hab ich dich endlich! Hör' verdammt noch mal auf, das Futter von den Gänsen zu fressen! Verstanden?«

Natürlich glaube ich nicht ernsthaft, mit dieser Ansprache etwas auszurichten. Ich bin einfach nur genervt, und das muss die kleine Maus jetzt ausbaden. Doch anstatt sich bei mir zu entschuldigen, weiß Fridolin ganz genau, was er tun muss: abwarten, blödstellen und dann im richtigen Augenblick zubeißen. Als der kleine Feldmauszahn in meinen Zeigefinger sticht, springe ich mindestens einen halben Meter hoch und setze die Maus, zugegebenermaßen etwas unsanft, zurück auf die Wiese.

Da hüpfe ich also vor Schmerz im Gras herum, und Fridolin bleibt einfach auf der Wiese sitzen, sieht mich herausfordernd an und markiert den Gewinner. Die Gänse glotzen vom Dach herunter und bewegen sich keinen Zentimeter.

Schließlich schleppen wir eine große Holzplanke und eine Leiter herbei. Vorsichtig schiebe ich die Planke aufs Dach und kontrolliere mehrmals, wo die Metallträger der

Voliere verlaufen. Calimero beäugt mich kritisch, als ich die Konstruktion mit einem Fuß belaste. Knackt nichts und verbiegt sich nichts! Müsste klappen! Ich probiere es mit dem zweiten Fuß. Das Wellblech gibt einen Ächzer von sich. Wie ein Einbrecher, der von einem Halogenstrahler erwischt wird, halte ich schief grinsend inne.

Ich setze einen Fuß vor den anderen und bin immer noch nicht sicher, ob mich die Konstruktion wirklich trägt. Die restlichen Gänse beobachten mich mit einer Mischung aus Neugier und Schadenfreude. Bestimmt bunkert die Maus Fridolin gerade seelenruhig unsere Körner. Eine Landung aus über drei Metern Höhe auf dem Boden der Voliere stelle ich mir nicht angenehm und auch irgendwie peinlich vor. Da krache ich lieber nach einem herrlichen Flug vom Himmel in eine Scheune, als hier auf den Steinboden, nur weil Calimero und Glorio zu bequem sind, einmal kurz ihre Flügel auszubreiten. Ich stochere mit dem rot-weißen Besen nach Calimero, doch er hüpft einfach ein Stückchen weg. Dann sitzt er wieder da, als hätte er gar keine Flügel. Als sei er nicht die Rambo-Gans, die als erste abgehoben ist, sondern ein zu groß geratener Hamster, der überhaupt nicht weiß, wie er auf dieses Dach gekommen ist.

»Bitte, Calimero«, flehe ich ihn an, »bitte mach' es mir doch nicht so schwer!«

Aus dem Augenwinkel sehe ich, wie sich die restlichen Gänse in Bewegung setzen und zu ihrem Futtertrog watscheln. Dort gibt es dasselbe, ganz normale Futter, das wir seit mehreren Stunden auch Glorio und Calimero als Bestechung anbieten.

Als sie an den beiden Trotzköpfen vorbeikommen, heben Calimero und Glorio synchron die Hälse, flattern wie selbstverständlich von einem Volierendach zum anderen und lassen sich schließlich auf den Boden gleiten.

Mit dem Besenstiel in der Hand denke ich: Die Gänse bescheißen mich nicht nur, die verarschen mich auch.

DER VIELFRASS

Eine Woche später fliegen die Gänse. Ganz einfach so. Ohne großes Tamtam. Als hätten sie noch nie etwas anderes getan. Wenn ich mit ihnen im Gänsemarsch langsam über die Wiese laufe und plötzlich hupend losrenne, dann heben sie ab und fliegen über meinen Kopf hinweg in die Luft, nur um ein paar Meter vor mir wieder zu landen.

Es ist faszinierend, wie mühelos sie in die Luft starten und wie abrupt sie wieder auf der Erde aufsetzen. Dabei flattern sie einen Moment lang auf der Stelle, um abzubremsen, strecken die Füße vor und setzen elegant auf dem Boden auf. Obwohl die Gänse theoretisch wie Flugzeuge in der Luft fliegen, können sie trotzdem auf der Stelle landen, als wären sie Hubschrauber. Eine meterlange Landebahn brauchen sie nicht.

Nur einer fliegt nicht: Nemo. Ich glaube, er ist einfach zu fett. Er strengt sich zwar richtig an, rast wie wild mit den Flügeln schlagend und laut schnatternd hinter den anderen her, doch während diese sich in die Luft schwingen und schnell an Höhe gewinnen, gibt Nemo mit einem

Sehnsuchtskrächzer wieder auf und bleibt betrübt neben mir stehen.

»Nemo, sei nicht traurig«, versuche ich ihn zu trösten, »das wird schon noch! Du bekommst jetzt ein Einzeltraining, und ich setze dich auf Getreide-Diät!«

Ich hoffe, dass Nemo nicht in jenen Teufelskreis gerät, den wohl jeder Mensch auch ein bisschen von sich selber kennt: Weil er übergewichtig ist, bewegt er sich weniger, und weil er sich weniger bewegt, bleibt er übergewichtig.

Allerdings weiß ich gar nicht, ob man hier überhaupt von *Übergewicht* sprechen kann. Haben Gänse nicht einen inneren Kompass, der sie davon abhält, mehr als nötig zu fressen? Von einem Body-Mass-Index für Gänse habe ich jedenfalls noch nichts gehört. Ich weiß auch nicht, wie sich eine echte Gänsemutter in so einem Fall verhält. Würde sie ihrem Gänschen wirklich die Körner verweigern?

Gibt es in der Natur wirklich übergewichtige Gänse, die es nicht in die Luft schaffen und sich diesen Zustand schönreden, indem sie sich sagen, dass Fliegen sie *eh noch nie* interessiert hat und man die schönsten Löwenzahnfelder auch per Flosse erreicht?

Mein Vorschlag scheint Nemo jedenfalls nicht gerade zu begeistern.

Diät? Bei dir piept's wohl! Ich bin doch noch nicht mal drei Monate alt! Ich wachse halt noch!

Er schnattert mich an, dreht sich um und watschelt trotzig zum nächsten Büschel Löwenzahn.

Ein leichter Dunstschleier liegt über der Rollbahn und kämpft mit dem zunehmenden Wind um seine Existenz, als Laura und ich am nächsten Morgen mit den Gänsen am Flugplatz ankommen.

Obwohl der dicke Nemo noch nicht richtig abhebt, wollen wir zum ersten Mal das Fliegen mit dem Ultraleichtflugzeug ausprobieren. Wir können nicht noch länger Rücksicht auf Nemo nehmen, denn die Wetterbedingungen sind längst nicht immer so perfekt wie heute, und wir müssen uns wegen des Projekts auch ein bisschen an den Zeitplan halten. Außerdem hoffe ich, dass ihm der Ansporn durch die anderen Gänse vielleicht beim Abheben den letzten Kraftschub geben könnte.

Der Wind kommt heute aus nördlicher Richtung und steht somit nahezu perfekt auf der Startbahn 01 an. Im Fliegerjargon wird die Startrichtung in den Gradzahlen der Kompassrose angegeben und der Einfachheit halber lässt man dabei die letzte Null weg. Die Startrichtung Süd hat somit die Bezeichnung 18, die Startrichtung Ost heißt 09 und die Startrichtung West 27. In unserem Fall bedeutet 01, dass wir nach Norden starten.

Mit dem Atos sind die Gänse inzwischen so vertraut, dass sie schon laut zu schnattern anfangen, wenn sie ihn nur von Weitem sehen. Es ist, als würden sie ein etwas zu groß geratenes, unförmiges Mitglied ihrer Gänsefamilie begrüßen. Ich bin froh, dass die Konditionierung so gut geklappt hat: Die Gänse sehen das Ultraleichtflugzeug nicht als Ungeheuer, sondern assoziieren damit Vergnügen.

Ich mache das Flugzeug startklar und checke die notwendige Liste durch. Listen checken klingt langweilig, ist aber eine der Hauptbeschäftigungen beim Fliegen, und zwar ganz zu Recht.

Es gibt keine andere Möglichkeit, den verhängnisvollen Einfluss der Gewöhnung auszuschalten. Beim ersten Alleinflug ist man noch von einer gehörigen Portion Anspannung begleitet, die einen automatisch alles fünfmal überprüfen lässt. Diese Anspannung ist eine durchaus sinnvolle Reaktion des Körpers, weil sie einen davon abhält, unkalkulierbare Risiken einzugehen. Ein gesundes Maß an Ehrfurcht ist durchaus wünschenswert.

Leider setzt auch beim Fliegen nach einiger Zeit ein Gewöhnungsprozess ein, der die notwendige Ehrfurcht zunehmend in den Hintergrund drängt, sodass sie irgendwann kaum noch spürbar ist. So beobachtet man sich als Pilot selbst, wie man immer nachlässiger mit den lebensnotwendigen Überprüfungen und sogar Vorschriften umgeht. Nur das gründliche, strenge Abarbeiten der Checkliste gewährleistet in diesem Fall Sicherheit, selbst wenn man die Handgriffe schon über tausend Mal ausgeführt hat. Routine kann beim Fliegen lebensgefährlich sein. Ich habe schon Drachenfliegerkollegen verloren, weil sie schlicht und einfach vergessen hatten, sich vor dem Start mit ihrem Gurtzeug ins Gerät einzuhängen.

Ich checke die Batterieladung, teste die verschiedenen Klappenstellungen und bringe meine Fluginstrumente an. Die äußeren Bedingungen könnten nicht besser sein – aber ich habe noch immer die abergläubische Befürchtung, gerade beim ersten Flug könnte etwas Schlimmes passieren.

Wir laden den Käfig mit den schnatternden Gänsen aus

dem VW-Bus und tragen sie über die Wiese. Dann klettere ich ins Cockpit, drücke den Zündungskopf, gebe Gas und rolle langsam zu Laura und den Gänsen am Startbahnkopf. Die Gänse befinden sich jetzt im Käfig direkt unter dem rechten Flügel des Flugzeugs.

Ich atme noch einmal tief durch, denn jetzt wird es ernst. Der Wind streicht mir durch meinen geöffneten Helm um die Nase, und mein Körper verkrampft sich leicht, als ich den Zündknopf drücke, und das durchdringende, warnende Piepsen der Motorsteuerung ertönt. Ich muss die zwölf Meter breite Tragfläche mit meinen Schultern stabilisieren, als eine Windböe über den Startplatz rauscht, und sich der rechte Flügel bedrohlich nahe zum Käfig mit den Gänsen neigt.

Das grüne Zündungslämpchen blinkt – es ist alles bereit.

Nervosität macht sich in mir breit, und auch Laura steht die Anspannung ins Gesicht geschrieben. Nur die Gänse schnattern fröhlich vor sich hin.

Ein letztes Mal sehe ich nach oben und checke die Bewegung des roten Baumwollfadens, der mir als Windspion dient. Er neigt sich direkt zu mir, der Wind kommt also schnurgerade von vorn.

»Jetzt! Los!«, rufe ich, und Laura öffnet die Käfigtür. Wie verrückt drücke ich den schwarzen Ball der Hupe, die rechts am Steuerbügel befestigt ist. Das Tröten schallt übers Feld, die Gänse stürmen aus dem Käfig, und ich gebe Vollgas. Der Motor heult auf. Ich werde mit einem Ruck in den Pilotensitz gedrückt.

Gemeinsam jagen wir die Startbahn hinunter. Zuerst fliegt Nils, dann hebt sich Glorio in die Luft, und schließlich gleiten alle meine Gänse in einer berauschenden Leichtigkeit neben mir her. Das Flugzeug rumpelt aber noch über die Piste, zum Abheben ist es noch nicht schnell genug. Ich befinde mich inmitten von schlagenden Flügeln und Hälsen, die sich rhythmisch bewegen. Die Gänse, meine Küken, die noch vor ein paar Wochen in den Eiern steckten, sie flattern neben mir!

Plötzlich wird es still, denn das Flugzeug verliert den Kontakt zur Wiese und steigt sanft nach oben. Zum ersten Mal fliegen wir zusammen!

»Jiipieeh!«, entfährt es mir aus tiefster Brust, und die Gänse antworten mit einem lauten Krächzen, das weit über die Wiese tönt. Wir lösen uns von der Erde, die Schwerkraft hat für uns keine Gültigkeit mehr, der Himmel steht uns offen!

Doch für ausgiebige Euphorie habe ich keine Zeit, und wir fliegen auch nicht besonders hoch – ich muss mich schnell wieder voll konzentrieren. Ich darf die Gänse vor mir nicht einholen, also fliege ich so langsam, wie es nur irgend möglich ist, in etwa zwei Metern Höhe die Grasbahn entlang.

Die gesamte Rollbahn auf unserem kleinen Flugplatz ist nur ungefähr 700 Meter lang. Deshalb ist unser kurzer Ausflug auch schon nach kaum einer Minute wieder vorbei, und ich muss mir Gedanken über die Landung machen. Vorsichtig nehme ich die Geschwindigkeit runter, die Gänse weichen meinem Flügel aus, lassen sich zurückfallen und wenige Meter später setze ich sanft auf der Wiese auf.

Während ich ausrolle, fliegen die Gänse mir hinterher und lassen sich schließlich direkt in meiner Nähe nieder. Den ersten kleinen Flugtest haben wir bestanden!

Kaum wieder auf dem Boden, reiße ich mir den Helm vom Kopf und krabbele auf allen vieren, mit dem Kopf wippend, auf die Gänse zu.

»Wiwiwiwi! Ihr seid großartig!«, rufe ich. »Ich bin stolz auf euch!« Meine Stimme überschlägt sich fast, so glücklich fühle ich mich. Doch dann fällt mir auf, dass nur sechs Gänse bei der gegenseitigen Gratulation dabei sind. Eine Gans fehlt!

In leichter Panik prüfe ich die Farbringe an den Beinen und weiß sofort, wer es ist. Nemo. Er ist nicht mitgeflogen. Er hat es nicht in die Luft geschafft. Ist er vorher abgedreht? Oder habe ich ihn überfahren?

Ich blicke die Startbahn hinauf, doch weit und breit ist keine Gans mehr zu sehen. Gemeinsam mit den Gänsen renne ich über die Wiese auf Laura zu, die am Anfang der Startbahn stehen geblieben ist und bereits mit den Armen winkt. Sie ist fast einen Kilometer entfernt. Ich kann überhaupt nicht verstehen, was sie mir mit den Armbewegungen sagen will und vergesse völlig, dass ich sie auch einfach anrufen könnte, aber da klingelt schon mein Telefon.

»Hast du Nemo gesehen? Wir haben ihn unterwegs verloren«, keuche ich in mein Handy.

»Nein, aber durchs Fernglas konnte ich beobachten, dass eine Gans nicht mit abgehoben ist. Es waren nur sechs Gänse in der Luft. Ich fahre gleich mit dem Bus los und sehe, ob ich Nemo irgendwo aufgabeln kann.«

Die Gänse und ich beobachten von Weitem, wie Laura

in den VW-Bus steigt und über die Startbahn auf uns zufährt.

Als sie aussteigt, ist ein Lachen auf ihrem Gesicht.

»Ich habe ihn gefunden!«, ruft sie mir erleichtert zu.

»Wo ist er denn?«

»Rate mal!«

»Keine Ahnung.«

»Na, ganz einfach: Im Löwenzahnfeld direkt nebendran. Der kleine Vielfraß schlägt sich in aller Seelenruhe den Bauch voll, während wir wie die Feuerwehr nach ihm suchen!«

Abends sitze ich auf der Bierbank unter dem Sonnensegel vor dem Wohnwagen, und die Gänse lassen sich das Gras schmecken. Vom vielen Sitzen auf der Bierbank neben den Gänsen habe ich meine Bierbanksitzmuskulatur wahrscheinlich dermaßen trainiert, dass ich auf dem Oktoberfest sämtliche Gäste aussitzen könnte.

Während ich wieder mal ein Sandwich von Heinrich zu Abend esse und die Gänse grasen, beobachte ich Nemo argwöhnisch. Anstatt verschämt unter der Bank zu liegen, langt er auch jetzt wieder ordentlich mit dem Schnabel zu. Es sieht überhaupt nicht so aus, als würde er sich zurückhalten oder gar auf seine Ernährung achten, damit er beim nächsten Mal in die Luft kommt.

Wieso auch? Wieso sollte sich eine Gans für Diät interessieren? Nemo frisst einfach, wie es ihm schmeckt, weil er weiß: Irgendwann wird er fliegen können. Da die Gänse, anders als in freier Wildbahn, von mir mit einer unbegrenzten Menge an energiereichem Körnerfutter versorgt werden, habe ich zwar noch meine Zweifel, ob er leicht genug ist, wenn er so weiterfrisst, aber ich glaube auch, dass es nur eine Frage der Zeit sein wird, bis sich dieser Zustand selbst reguliert und auch er abhebt.

Nemo, fällt mir auf, hat überhaupt kein Problem. Ich bin es, der durch seine Erwartungen ein Problem erzeugt.

7 Dinge, die Gänse überhaupt nicht können
Lügen
Netzwerken
Taktische Machtspiele
Sich verstellen
Psychologischen Druck ausüben
Selbstdarstellung
Die Karriereleiter hinaufklettern

Die Abendsonne scheint schon etwas matt übers Feld, da entdecke ich einen weiteren Vielfraß, der uns mal wieder beklaut. Die Maus Fridolin huscht mit dick aufgeblähten Backen ihren kleinen Trampelpfad entlang. Vor ein paar Tagen bin ich dem Pfad gefolgt – er führt zu einem Baumstumpf, der innen hohl ist. Dort hat die Maus einen ganzen Berg von Körnerfutter angehäuft.

Für Fridolin gleicht der Körnerberg wahrscheinlich einem selbst gebauten Schlaraffenland, es ist mehr, als er in einem Winter essen kann, aber für das, was sieben Gänsen an Körnern wegfuttern, ist es auch wiederum nicht so viel. Deshalb lasse ich Fridolin inzwischen gewähren – ich will schließlich nicht noch mal gebissen werden und auch keine Nerven an die Maus verlieren. Bitte schön! Glückwunsch, Fridolin! Soll er sich doch über die Körner freuen. Auch bei Fridolin gibt es eine natürliche Grenze an dem, was er wegschleppen kann.

Ich grinse Fridolin etwas zerknirscht hinterher, als etwas Unglaubliches geschieht. Keine fünf Meter von mir entfernt stürzt wie aus dem Nichts ein Turmfalke vom Himmel, packt sich die Maus mit beiden Krallen und ist mit der Beute blitzschnell wieder nach oben verschwunden. Ein Flügelschlagen, ein Piepsen, ein Krächzen, dann Stille – das war's für Fridolin. Nur Paul blickt dem Falken einen Moment lang hinterher.

Da ich seit geraumer Zeit unter dem Sonnensegel sitze, konnte mich der Falke von oben nicht sehen – sonst hätte er sich das wohl kaum getraut.

Plötzlich kommen mir meine kleinen Scharmützel mit der Maus übertrieben und kleinlich vor. Wieso haben wir uns nicht besser verstanden, wieso war ich nicht etwas großzügiger zu Fridolin? Wieso habe ich die Maus nicht mal auf ein paar Körner eingeladen? Jetzt ist es dafür zu spät. Der Futterklauer wurde selbst als Futter von der Wiese geklaut.

Tja, denke ich, und bin froh, dass bis hierhin alle Gänse überlebt haben: In der Natur gibt es gar kein *Überfressen*, da gibt es nur: Fressen oder gefressen werden.

Das mag grausam klingen oder herzlos, aber für mich bedeutet es noch etwas anderes: Es ist diese harte Realität in der Natur, die mich in den letzten Wochen geerdet hat. Die Gänse sind da, sie brauchen mich, und ich muss mich auf sie einlassen, es geht nicht anders. Ich komme damit nur klar, wenn ich diese Tatsache akzeptiere.

Bevor ich bei den Gänsen war, habe ich mich viel mehr aufgelehnt, bin gegen die Dinge angerannt, gegen die Trennung von meinen Menschenkindern, gegen all die Kompliziertheiten des Lebens, die plötzlich da waren und nicht genauso plötzlich wieder verschwanden.

Obwohl die Gänse mir überhaupt nichts beibringen wollen und ihnen mein Privatleben ziemlich schnuppe ist, habe ich doch etwas ganz Wesentliches von ihnen gelernt: radikale Akzeptanz. Sich vertrauensvoll in die Hände des Lebens zu begeben. Die Dinge sind, wie sie sind, und das ist gut so. Nur wenn man sich auf das Wesentliche konzentriert, lebt man wirklich im Hier und Jetzt.

Klar, man könnte jetzt sagen: Um das zu erkennen, hättest du genauso gut mit deiner Oma sprechen können. Doch es ist nicht dasselbe, so etwas nur als Kalenderspruch zu hören, oder es zusammen mit den Gänsen, wirklich zu *erleben*.

Nemo ist vielleicht ein bisschen zu schwer, aber das wird schon, da bin ich mir endlich sicher.

Adieu, kleine Maus Fridolin.

FRIEDER DREHT AB

Ich drücke zwei Mal fest auf die Ballhupe, schreie: »Jetzt, Laura!«, sie öffnet dicht an den Tragflächen den Käfig, ich gebe Vollgas und die Gänse brechen mit lautem Schnattern heraus. Parallel zu uns jagt ein VW-Touareg wie ein riesiger schwarzer Panther über die Wiese, ich werde in den Sitz gedrückt und der stramme Gegenwind hebt uns schon nach ein paar Metern in die Luft.

Unser kleiner Flugplatz hat sich in ein Filmset verwandelt – zuerst waren es die Regionalzeitungen, die sich für unsere Gänseaktion interessiert haben, jetzt kommen die Gänse sogar ins Fernsehen. Auf dem Touareg ist ein vertikaler Schlitten mit einer großen, hochauflösenden Kamera angebracht. Im Innern des Wagens sitzt ein Kameramann, der die Kamera mit zwei Joysticks in alle Richtungen bewegen kann. Ein Filmteam im Auftrag des ZDF dreht einen Film über Zugvögel und möchte mich und die Gänse beim Abheben filmen. Das Ganze ist ein Riesenaufwand und wirkt auch sehr professionell, aber vorhin saß ich eine halbe Stunde in voller Montur in der Cockpitsauna und das ganze Team musste warten, bis jemandem auffiel, dass irgendwo ein Stecker nicht richtig eingesteckt war.

Die Gänse breiten ihre Flügel aus und halten sich neben dem Flugzeug. Zum ersten Mal überhaupt bilden wir zusammen eine V-Formation – das ist der Moment, von dem ich so lange geträumt habe. Ich bin Teil einer fliegenden Gänsefamilie, steuere das Flugzeug und sehe mich voller Begeisterung um. Neben mir flattern die Gänse und halten sich so mühelos in der Luft, als würden sie schweben.

Die V-Formation ist für die Tiere am kraftsparendsten, weil sie auf diese Weise die Luftverwirbelungen des jeweils vorderen Vogels zum eigenen Auftrieb nutzen können. Bei Flugzeugen kann man diese Verwirbelungen durch farbigen Rauch sichtbar machen, und das wäre auch bei Gänsen möglich, aber das alles ist natürlich nicht nötig. Man muss den Gänsen diese Möglichkeit zur Energieeinsparung nicht erklären. Sie *wissen* einfach, dass die V-Formation für sie am günstigsten ist. Eine T-, B- oder X-Formation müssen sie gar nicht erst ausprobieren.

Das Wunderbare an der Form ist: Jede Gans ist einerseits von der jeweils vorderen Gans abhängig und wird gleichzeitig von der jeweils hinteren Gans gebraucht. Wir ziehen alle am selben Strang, wir fliegen alle auf derselben Wirbelschleppe, wir verfolgen ein gemeinsames Ziel.

Vielleicht ist dies auch der Grund, wieso uns der Anblick einer Formation von Wildgänsen am Himmel selbst dann schon rührt, wenn wir sie nur von Weitem erblicken – wir stehen unten zwischen den Menschen und spüren, dass die Gänse dort oben eine Gemeinschaft bilden, bei der jeder den anderen unterstützt. Und gleichzeitig wissen wir, dass dies bei uns Menschen eben nur selten geschieht. Man müsste viel häufiger als Familie so unterwegs sein, so gut fühlt sich das an!

Ich zähle die fliegenden Gänse durch und komme auf sieben. Moment mal, sagte ich sieben? Dann ist Nemo ja auch in der Luft! Ich gehe die Farbringe an den Füßen der Gänse durch und entdecke tatsächlich Nemos blauen Ring.

Mit kraftvollen, eleganten Schlägen fliegt Nemo ganz vorn. Er hat es geschafft! Mein kleines Dickerchen fliegt als Leitgans an der Spitze der Formation!

Nemo sieht mit seinen dunklen Augen zu mir herüber, als wolle er sagen: *Hat hier jemand Dickerchen gesagt? Nennt ihr mich einen Vielfraß? Ab jetzt bin ich hier der Boss! Ihr könnt euch warm anziehen! Ich hab' dir doch gesagt, dass ich bloß wachse!*

Ich bin dermaßen begeistert von Nemo, dass ich etwas Wichtiges ganz vergesse: Die Landebahn ist gleich zu Ende. Eigentlich wollten wir nur einmal kurz abheben und dann ohne Kurve gleich wieder landen, damit dieser Moment gefilmt werden kann. Doch jetzt sind wir schon zu weit und müssen eine Kurve drehen, wenn wir nicht in die Bäume und Büsche krachen wollen.

In geringer Höhe wende ich sanft nach rechts. Bei dem kräftigen Wind reicht eine Drehung von 180 Grad nicht aus – der Startrichtung entgegengesetzt können wir nicht sicher landen. Also müssen wir eine kleine Platzrunde fliegen, um wieder in den korrekten Landeanflug zu gelangen. Einen so langen Flug sind die Gänse noch nicht gewöhnt. Natürlich schwitzen sie nicht, aber ich habe das Gefühl, ihnen die Anstrengung anmerken zu können.

Während des ganzen Manövers tröte ich in die Ballhupe, um die Gänse in direkter Nähe der Tragflächen zu halten. »Ihr schafft das!«, rufe ich. »Komm, Nemo, komm! Prima!«

Plötzlich höre ich ein lautes, mir wohlbekanntes Krächzen. Es ist das Krächzen von Frieder und dieses Krächzen verheißt nichts Gutes. Er fliegt ziemlich am Ende der Formation, deshalb kann ich ihn nicht sofort sehen. Erst als er aus der Gänsegruppe ausbricht und in einer engen 90-Grad-Kurve vor uns abtaucht, begreife ich, was er macht. Frieder hat anscheinend mal wieder keine Lust auf uns und will unbedingt seinen eigenen Kopf durchsetzen. Ganz allein verliert er schnell an Höhe. Ich verfolge ihn einen Moment lang mit den Augen und versuche, mir ungefähr die Richtung zu merken, in die er geflogen ist, muss mich dann aber auf die verbleibenden sechs Flugschüler und den schwierigen Landeanflug konzentrieren.

Was ist denn schon wieder in Frieder gefahren? Könnte es ernsthaft an der Begleitung durch die Kamera liegen? Hat Frieder Bedenken wegen seiner Privatsphäre und dem Datenschutz?

Soll er doch alleine klarkommen, denke ich, als wir zum Landeanflug ansetzen. Ich bringe die Wölbklappen – das sind die Klappen an der Hinterkante der Tragflächen – in Landestellung und nehme das Gas heraus. Mit den Wölbklappen lässt sich der Auftrieb am Flügel vergrößern, was wiederum dazu führt, dass ich langsamer fliegen, gleichzeitig aber auch effektiver Höhe verringern kann, ohne dabei zu schnell zu werden. Ich bemühe mich, das Flugzeug geradeaus in Richtung der Landebahn zu stabilisieren, da brechen auch die restlichen Gänse aus ihrer Formation aus und vollführen kapriolenartige Bewegungen um mich herum.

Obwohl sie nur noch ein paar Meter vom Boden entfernt sind, drehen sie sich blitzschnell auf den Rücken, fliegen also einige Sekunden lang so, dass sie nach oben in den Himmel blicken, und drehen sich dann wieder zurück. Ich hatte gelesen, dass Gänse so eine Bewegung beherrschen, aber überhaupt nicht damit gerechnet, dieses Flugmanöver einmal aus nächster Nähe beobachten zu können. Die Bewegung dient dazu, ähnlich wie meine Wölbklappen, auf kontrollierte Weise massiv an Höhe zu verlieren. Das Flügelprofil wird quasi andersherum angeströmt und aus dem Auftrieb wird ein Abtrieb. Die Gans fällt in dieser kurzen Phase nicht nur, sie wird förmlich nach unten gesogen.

Ich habe keinen blassen Schimmer, wieso die Gänse dieses Flugmanöver beherrschen. Ich könnte sagen: Es ist eben in ihrem genetischen Programm enthalten. Aber das macht es nicht weniger erstaunlich. Definitiv haben sie dieses Kunststück nicht von mir – um ihnen so ein Flugmanöver beizubringen, bräuchte ich ein ganz anderes Fluggerät. Mit dem Atos ist so etwas schlicht unmöglich.

Knapp 100 Meter vor dem Aufsetzen fliegen sie noch immer vor mir, und ich habe Angst, sie beim Landen zu überfahren.

Daher ziehe ich den Steuerbügel bis zum Anschlag nach hinten und gebe gleichzeitig Gas, um die Gänse zu überholen und sie aus der Gefahrenzone zu bringen. Mit knapp 90 km/h fegt das Flugzeug noch über die Startbahn, verliert dann an Fahrtenergie und ich setze den Atos schließlich einigermaßen sanft aufs Gras.

Nur einen Augenblick, nachdem das Flugzeug zum Stehen gekommen ist, landen auch alle sechs Gänse um mich herum elegant auf der Wiese. Ich bin heilfroh, dass sie wohlbehalten angekommen sind und werfe mich mit zitternden Knien auf den weichen Boden. Ich werde von schnatternden Gänsen umringt und rieche das frisch gemähte Gras. Da erst fällt mir auf, dass das Filmteam auf so eine rührende Szene natürlich nur gewartet hat und die Kamera voll auf mich und die Gänse hält. Während ich so mit den Gänsen daliege, bin ich zwiegespalten: Einerseits werden die Bilder bestimmt großartig und wunderschön aussehen, und ich freue mich natürlich auch, wenn unser Projekt einem großen Publikum nahegebracht wird, andererseits weiß ich nicht, ob diese Szene – der Gänsemichel weint fast, weil seine Gänse zum ersten Mal mit ihm geflogen sind – im Fernsehen später kitschig und vielleicht sogar ein bisschen lächerlich wirkt. Das ist überhaupt das Problem bei der Berichterstattung über Tiere: Es soll immer alles rührend und herzerwärmend sein und die Tiere sollen am besten wie im Märchen personifiziert werden. Kein Wunder, dass Filme über Tiere oft ein bisschen zu süßlich sind. Das allein wäre auch noch nicht schlimm, würde man darüber nicht die Realität der Beziehung zwischen Menschen und Tieren vergessen. Ich weiß nicht, ob man über die Bilder wirklich vermitteln kann, was es bedeutet und wie es sich anfühlt, wochenlang in einer Gänsefamilie zu leben. Es mag lächerlich sein, dass ich hier mit den Gänsen im Gras liege, aber für mich ist es das nicht. Für mich ist es die logische Folge der Beziehung, die ich zu den Tieren aufgebaut habe.

Plötzlich erinnere ich mich an Frieder und vergesse die Filmaufnahmen sofort wieder. »Laura«, schreie ich, »wir haben Frieder verloren! Hast du ihn abdrehen sehen?«

Doch Laura schüttelt den Kopf. »Ich habe nur bemerkt, dass sich eine Gans aus dem Verband gelöst hat. Es sah aus, als wäre sie Richtung Wald geflogen.«

»Frieder mal wieder.«

Während des letzten Flugtrainings waren die Gänse ständig mit Telemetrie-Sendern ausgestattet, um sie im Notfall wiederzufinden. Da aber heute mit dem Filmteam eigentlich nur ein kleiner Hüpfer geplant war, haben wir dies unterlassen. Also gibt es jetzt keine Möglichkeit, Frieder schnell zu finden.

Ich springe hoch, und die Gänse flattern kurz auf. »Treib' du die Gänse zusammen, ich versorge den Atos«, rufe ich Laura hinterher, »wir müssen so schnell wie möglich los und Frieder suchen!«

Wir steigen in den VW-Bus und fahren, bewaffnet mit Ballhupe und zwei Ferngläsern los, um Frieder zu retten. Allerdings: Einen Plan haben wir nicht. Wie soll man eine flugfähige Graugans auf einer riesigen Fläche mit einem Wald, mehreren Feldern und einem Dorf auch so einfach wiederfinden?

Mit heruntergekurbelten Fenstern fahren wir die angrenzenden Straßen ab, hupen und rufen und blicken immer wieder mit dem Fernglas ins Gebüsch. Es dauert zwei Stunden, bis wir einsehen, dass die Suche aussichtslos ist.

Ich fluche auf den »eigensinnigen«, »unverbesserlichen« und »renitenten« Frieder, aber dann überlege ich, ob Frieder überhaupt gerettet werden will. Hat er sich nicht aus freien Stücken entschieden, die Gruppe zu verlassen? Wie ein Versehen sah sein Manöver jedenfalls nicht aus. Habe ich überhaupt ein Recht, ihn jetzt zu *retten,* also dahin zurückzubringen, wo er doch, wie er mir immer wieder zu verstehen gibt, lieber nicht sein will?

Es ist bereits lange dunkel, als wir die Suche schließlich abbrechen. Immerhin fällt uns noch ein, den Besitzer des Flugplatzrestaurants über den Verlust einer Gans zu informieren. Wenn der Hunger Frieder also zurück zum Flugplatz und in die Nähe des Restaurants treibt, wo neben den Tischen ab und zu Brotkrümel herumliegen, wird man uns informieren.

Ich fühle mich ausgelaugt, als wir die Gänse zurück in den VW-Bus laden und in ihre Voliere bringen. Eigentlich sieht alles normal aus und die Gänse machen auch einen relativ ruhigen Eindruck. Doch eine Gans fehlt. Frieder ist nicht da.

Laura radelt nach Hause, aber ich setze mich vor den Wohnwagen und mache mir Vorwürfe. Was ist bloß mit Frieder los? Ich habe ihn doch kein bisschen anders behandelt, als die anderen Gänse! Wirklich nicht?

In einer Familie mit sieben Kindern gibt es wahrscheinlich immer ein Sorgenkind. Aber in freier Wildbahn würde eine so junge Graugans ihre Familie niemals verlassen. Warum habe ich also nicht besser aufgepasst? Kann ich wirklich Nemo die Schuld dafür geben, dass ich selbst so abgelenkt war? Oder ist Frieder jetzt sowieso schon erwachsen und ich bin an gar nichts mehr schuld, was ihm passiert?

Frieder, du Blödmann, wieso tust du dir selbst das an, denke ich, als in meiner Tasche das Telefon klingelt. Es ist Carola, unsere stets um alle besorgte Mitarbeiterin von der Pforte des Instituts.

»Micha, du vermisst nicht zufällig eine Gans?«

»Doch, genau das tue ich! Wir suchen sie schon den ganzen Abend. Hast du Frieder gesehen?«

»Nein, aber es hat grad jemand aus Wahlwies angerufen. Da sitzt wohl irgendwo in 'nem Vorgarten eine Graugans und bewegt sich nicht vom Fleck. Sie lässt sich von niemandem anfassen. Könnte das Frieder sein?«

»Klingt definitiv nach Frieder. Ich bin in zehn Minuten da.«

Ich bin mir nicht sicher, ob es mir gelingen wird, Frieder in ungewohnter Umgebung alleine einzufangen, doch glücklicherweise erreiche ich Laura sofort.

Sie steht, eine Mohrrübe kauend, bereits vor ihrer Haustür und springt sofort herein, als ich mit dem VW-Bus anhalte.

»Woher weißt du denn, dass es Frieder ist«, fragt sie aufgeregt.

»Na ja, es war die Rede von einer Graugans, die einen roten Ring trägt, stur in einem Vorgarten sitzt und sich seelenruhig von einem Dutzend Kindern bewundern lässt. Da wird die Wahl doch eng, oder? Eigentlich kann das nur Frieder sein.«

Ich achte nicht auf das Tempolimit und dank Frau Google, die in meinem Handy wohnt, erreichen wir die Adresse ziemlich bald. In der Straße ist sofort klar, um welchen Vorgarten es geht: Vor einem schönen Einfamilienhaus hat sich eine belustigte Menschentraube aus Kindern und Erwachsenen versammelt.

Man hält uns zunächst für weitere Schaulustige und weist uns ordnungsgemäß einen Parkplatz zu. Ich bahne mir den Weg durch die Menschen, höre den Satz: »Die hat ihre Familie verloren«, und sehe endlich die Gans. Es ist zweifelsfrei Frieder, der dort im Gras sitzt. Er tapst von einer Flosse auf die andere und sieht auf den Boden. Auf mich wirkt er völlig desorientiert und sogar ein bisschen apathisch. Es ist, als hätte er sich seinem Schicksal, dass er seine Familie nie wiederfinden wird, bereits ergeben.

Ich hocke mich auf das Gras und nähere mich ihm langsam und vorsichtig. »Frieder, was machst du denn für Sachen? Papa ist da! Komm, wir fahren wieder nach Hause!«, flüstere ich.

Als er meine Stimme hört, hebt er den Kopf, sieht mich an und schnattert leise. Es ist ein Laut, den ich noch nie zuvor bei einer Gans gehört habe. Ein wehmütiges, erleichtertes, aber gleichzeitig kleinlautes Pieps-Schnattern.

Er weicht nicht zurück und flattert auch nicht, sondern scheint einfach froh zu sein, dass ich gekommen bin und ihn abhole. Ich nehme Frieder auf den Arm, was er sofort geschehen lässt, laufe mit ihm zum VW-Bus und bedanke mich bei den Leuten für ihre Sorge und Anteilnahme. Sie wussten durch einen Zeitungsartikel von unserem

Projekt und haben deshalb vermutet, dass die Gans, die sich so seltsam benimmt, zu uns gehören könnte.

»Hat die Gans Sie wirklich sofort erkannt?«, fragen die Leute, und: »Würde die Gans nicht allein wieder nach Hause finden?«

Ich erkläre das Projekt möglichst kurz, denn ich will Frieder nicht zu lange im Bus warten lassen. Ich kann mir durchaus vorstellen, dass es ihm gelingen könnte, nur mit seinem Geruchssinn und seiner Ortskenntnis wieder zurück zu uns zu finden. Vielleicht wollte er einfach kurz weg. Aber er hat wohl nicht damit gerechnet, dass er dann ganz allein sein würde.

Frieder schnattert während der ganzen Fahrt kaum. Es ist als wüsste er, dass er im Grunde seines Herzens nicht cool und auch nicht selbstständig, sondern unsicher ist und Angst hat, nicht zu der restlichen Gruppe zu gehören. Vielleicht werde ich doch noch zum Gänseflüsterer.

Zu Hause setze ich Frieder sofort in den Kreis seiner Geschwister ins Gras und werde Zeuge eines sehr liebevollen und innigen Wiedersehens.

Die anderen Gänse watscheln auf ihn zu, liebkosen und herzen ihn, als wäre er für eine Ewigkeit fort gewesen oder nur haarscharf dem Kochtopf entronnen. Sie nehmen ihn vorurteilslos und offen wieder auf, obwohl er die Familie heute Mittag aus freien Stücken verlassen hat. Auch Frieder scheint diese Aufmerksamkeit der anderen Gänse sehr zu genießen.

Jaja, Leute. Ich bin ja auch froh, euch wiederzusehen. Mir war schon ganz bange, euch mit dem Typen allein zu lassen. Aber nun ist es echt mal genug mit der Kuschelei!

Ich beobachte die Gänse im Gras und wundere mich. Ich bin ebenso froh wie die anderen Gänse, dass Frieder wieder da ist, aber sein Verhalten ist mir noch immer ein Rätsel. Ich bin mir ganz sicher, dass ich ihm mindestens genauso viel Zuneigung habe zukommen lassen, wie den anderen Gänsen auch. Und doch ist es uns nicht gelungen, eine wirklich stabile Beziehung von Gänsevater zu Gänsekind aufzubauen. Habe ich unbewusst vielleicht doch ausgeschwitzt, dass eher Paul und eben nicht Frieder meine Lieblingsgans ist? Hätte ich Frieder mehr knuddeln müssen, obwohl er das ziemlich bald nicht mehr wollte?

Oder ging es Frieder vielleicht nur um die Aufmerksamkeit, vor allem während der Filmarbeiten? Wollte er genau das: Dass wir uns um ihn sorgen, stundenlang nach ihm suchen und dann heilfroh sind, ihn wiederzusehen? Will er mir damit irgendetwas sagen?

Ich denke hin und her, komme aber zu keinem rechten Ergebnis. Auch das ist etwas, das mir vorher nicht so klar war: Gänse sind eben Individuen, deren Verhalten mir nicht immer verständlich ist.

GÄNSEPUBERTÄT

Manchmal heißt es, die ersten zehn Jahre mit Kindern seien am schönsten. Die Jahre, bevor sie ihren eigenen Kopf bekommen. Weil sie einen dann noch bedingungslos lieb haben und im Großen und Ganzen das tun, was man ihnen sagt.

Ich glaube nicht, dass das bei Menschenkindern wirklich so ist. Aber in Bezug auf Gänse bin ich mir nicht mehr so sicher: In letzter Zeit gehen mir die Gänse manchmal furchtbar auf den Keks.

Nach dreieinhalb Monaten befinden sich die Gänsekids mitten in der Pubertät und der Alltag mit ihnen ist zu einem ständigen Kampf geworden. Wir kommen mit dem Fliegen einfach nicht weiter. Anstatt Frieden, Gemeinschaft und Akzeptanz verschaffen mir die Gänse eher einen erhöhten Blutdruck.

Klar – würde ich mich einfach nach ihren Launen richten und den ganzen Tag über mit ihnen am See chillen, auf der Wiese abhängen und ihre kleinen ehrgeizlosen Flüge bewundern, dann gäbe es keinen Konflikt. Aber schließlich will ich mit ihnen zusammen ein Projekt durchführen und dabei bin ich auf ein Mindestmaß an Kooperation ihrerseits angewiesen.

Doch bei nahezu jeder Aktion stellen sie die Flossen quer und weigern sich schnatternd, auf meine doch durchaus vernünftigen Vorschläge einzugehen.

Ilse und Horst, die beiden fleißigen Kohlmeisen, sitzen oft in der Nähe nebeneinander auf einem Zweig und singen wahrscheinlich irgendwelche Lieder darüber, wie toll sie das mit ihrer Brut hingekriegt haben. Manchmal kommt es mir so vor, als würden sie die Konflikte zwischen mir und den Gänsen voller Schadenfreude verfolgen.

Der hat seinen Küken einfach keine Grenzen gesetzt. Weißt du noch, wie der die sogar mit unter den Pulli genommen hat? Das ist bei Nestflüchtern immer so – es gibt nie klare Regeln.

Ilse, du hast so eine feine Wahrnehmung.

Dabei war ich so froh und glücklich, als die Gänse zum ersten Mal mit mir geflogen sind! Als wir zum ersten Mal gemeinsam in der Luft waren! Sie freuen sich immer noch jedes Mal auf das Flugzeug und fliegen auch mit mir los, doch ihre Flughöhe reicht kaum aus, um über die Bäume am Ende der Startbahn zu gelangen. Für die geplanten Messungen ist das einfach nicht genug. Wir sind bereits so nahe dran. Es fehlt nicht viel. Doch gerade auf den letzten Metern stellen die Gänse sich quer.

Uns gelingen bisher höchstens Flüge mit einer Dauer von zehn Minuten. Wir fliegen also eigentlich nur erweiterte Platzrunden und bleiben dabei immer in frustrierend direkter Nähe des Flugplatzes. Ich schaffe es einfach nicht, die Tiere auf eine ordentliche Flughöhe zu bringen.

Wenn ich weiter nach oben steige, dann folgen mir die Gänse nicht und zwingen mich, wieder Höhe zu verlieren. Wieso sollen sie sich auch in einem Steigflug abmühen, nur, damit das Max-Planck-Institut dann irgendwelche Messungen vornehmen kann?

So kommt es oft vor, dass ich mit dem Ultraleichtflugzeug viel zu nah über den Bäumen fliege, fluche und mir lieber keine Gedanken darüber mache, was passiert, wenn der Motor jetzt ausfällt. In so niedriger Höhe ist das Fliegen überhaupt nicht entspannend, bei kleinsten Problemen muss ich sofort reagieren, und ich habe ständig Angst vor dem drohenden Einschlag in einer Baumkrone. Die Gänse finden diese Höhe aber genau richtig. Mein Stress und meine Ängste sind ihnen völlig egal.

Seitdem sie selbstständig fliegen können, verliere ich mehr und mehr die Kontrolle über sie. Sie können jetzt jederzeit losfliegen, ohne dass ich sie aufhalten kann und es ist schwer, sich daran zu gewöhnen. Jeder Ausbruch der Gänse wird dann zum Notfall.

Bei bisherigen Prägungsexperimenten von Kollegen aus aller Welt war die zunehmende Ablösung vom *Elterntier* ein ganz normaler und wünschenswerter Prozess. Die Gänse wurden geprägt, wuchsen in permanenter Nähe zu den Eltern auf und wurden immer selbstständiger. Sie flogen am Abend zum Schlafen auf den See, um morgens zum Fressen wieder zu ihrer menschlichen Bezugsperson zurückzukehren. Manchmal blieben die Gänse auch tagelang weg und tauchten dann plötzlich wieder auf – das alles war kein Problem. Leider liegen die Dinge in meinem

Fall etwas anders, denn ich bin auf die Messflüge mit den Tieren angewiesen. Solange wir nicht alle benötigten Daten gesammelt haben, darf ich keine Gans verlieren. Jeder einzelne Flug und jede einzelne Gans liefert wichtige und in dieser Form noch nie da gewesene Messdaten. Zum Unwillen der Gänse kommen zudem noch technische Probleme: Bei den hochauflösenden, speziell für uns hergestellten Datenloggern gibt es Lieferschwierigkeiten, und je länger ich warte, desto größer wird der Unwillen der Kids.

Tatsache ist: Die Gänse sind leider nicht mehr die lieben, kleinen Küken, die unter meinen Pulli schlüpfen, mir hinterherwatscheln und beim kleinsten Tröten aus meiner Hupe parieren.

Überhaupt kann vom Watscheln keine Rede mehr sein: Ich laufe zwar vor ihnen her, doch die Herrschaften fliegen natürlich. Wenn ich wie in alten Zeiten mit ihnen zum Bach will, dann haben sie keine Lust zum Laufen, sondern überholen mich plötzlich von hinten im Tiefflug und rauschen an mir vorbei, nur um mich mit gelangweilten Gesichtern am Bach zu erwarten.

Es ist, als würden sie sagen: *Der Papa ist so öde und so normal, der kann ja noch nicht mal fliegen.*

Stimmt. Kann ich nicht. Aber ein bisschen mehr Respekt vor dem Alter wünsche ich mir doch.

Wir haben aber keine Lust mehr auf dein blödes Programm! Was interessieren uns deine bekloppten Messungen? Das Wetter ist uns echt gans egal!

Wer ist dieser Max Plankton überhaupt?

Von Frieder bin ich derartiges Verhalten ja bereits gewohnt. Richtig schlimm ist allerdings, dass sich inzwischen sogar Paul gegen mich auflehnt.

Aber von Anfang an. Wir sitzen mal wieder am *langweiligen* Bach herum. Dort, wo es den Gänsen früher so gut gefallen hat und wo sie nichts Schöneres kannten, als friedlich zwischen meinen Füßen zu planschen und ihren Papa anzuhimmeln oder nass zu spritzen. Da schwingt sich Frieder wie aus dem Nichts heraus in die Luft. Mit einem lauten Krächzen, das wahrscheinlich so etwas wie *Tschüss, ihr Deppen!* bedeutet, fliegt er aus meinem Blickfeld, zwischen den Büschen hindurch Richtung Schlosswiese. Maddin, sein treuer Kompagnon, kann es natürlich nicht ohne ihn aushalten und eilt seinem großen Vorbild sofort hinterher.

»Frieder, du Drecksack!«, entfährt es mir. Eine passende Anrede für eine Gans ist das zwar nicht, aber es ist auch nicht immer leicht, sich bei pubertierenden Kindern zu beherrschen. Ich springe hoch und blicke mich um, doch ich kann Frieder nirgendwo mehr erkennen. Sofort steigt eine leichte Panik in mir auf.

Ich treibe die restlichen fünf Gänse eilig den Weg zurück bis zur Voliere, wobei ich immer wieder die Arme ausbreite und unbeholfene Flugbewegungen mache, um die Gänse, die den Hinweg doch so gerne geflogen sind, jetzt auch auf dem Rückweg zum Fliegen zu animieren, damit es schneller geht.

Aber jetzt ist ihnen das Fliegen auf einmal egal. Es kommt mir sogar so vor, als würden sie an jeder Ecke anhalten, um Löwenzahn zu fressen, und absichtlich trödeln, nur um den beiden Ausreißern etwas mehr Zeit zu geben. Schließlich breche ich aus dem Gebüsch zwei lange Zweige ab und treibe die Tiere an, indem ich hinter ihnen herumfuchtele. Rosi und Mosi, die beiden Rostgänse, kommentieren unser Treiben mit verächtlichem und spöttischem Krächzen.

Beim Wohnwagen schließe ich die Gänse sofort in die Voliere. Dann schnappe ich mir ein Fernglas, renne auf die Schlosswiese und hupe, was das Zeug hält. »Frieder, Maddin, komm, komm, komm! Mann, Frieder!«, rufe ich und hoffe, dass mich niemand dabei beobachtet, wie ich im Dickicht abwechselnd fluche und mit Zuckerstimme nach den Gänsen säusele.

Ich schlage mich durchs dornige Gebüsch, sinke im Moos ein, falle an einer Böschung in den Schlamm und komme wie ein mit Gras behangener Waldmensch am Institut an, wo ich über die zwei entflogenen Gänse berichten will. Vielleicht haben sich ja, wie bei Frieders letztem Ausreißversuch, wieder hilfsbereite Menschen gemeldet.

Ich schüttele mir noch den Dreck aus den Klamotten, da sehe ich Maddin, wie er seelenruhig aus einem Blumenuntersetzer im Vorgarten des Instituts das Gießwasser schlürft.

»Maddin!«, herrsche ich die Gans an. »Komm sofort her! Was glaubst du eigentlich, was ich die ganze Zeit mache? Und wo hast du Frieder gelassen?«

Maddin zuckt bei meinem Geschrei keineswegs zusammen, sondern sieht mich nur etwas verwundert an.

Ich war das nicht! Alta, bleib geschmeidig!

Mit Maddin auf dem Arm marschiere ich im Stechschritt zurück zu den anderen, liefere die Gans in der Voliere ab und haste zurück. Frieder kann nicht weit sein. Ich suche Wiese und Waldrand ab, doch nirgendwo ist eine Spur von ihm. Selbst mit dem Fernglas ist es sehr schwierig, im Gebüsch eine einzelne Graugans zu erkennen – das Gefieder hebt sich kaum von der Umgebung ab und ist eine gute Tarnung.

Ich stapfe durchs Unterholz, ritze mir den Arm an einem Brombeerstrauch auf, falle fast in ein Brennnesselfeld hinein und will meine Füße im Schlossteich abkühlen. Genau dort sitzt er. Er schwimmt am Uferrand entlang und ist gerade schwer damit beschäftigt, die kleinen Wurzeln der jungen Schilftriebe auszugraben. Leider komme ich nicht bis zu ihm ins Wasser, denn der Boden ist so schlammig, dass ich wahrscheinlich bis zur Hüfte versinken würde. Eine Zeit lang stehe ich am Uferrand und rede auf Frieder ein, aber er bewegt sich keinen Zentimeter von der Stelle. Als ich kurz zurück zum Wohnwagen laufe, um ein altes Surfbrett zu holen, auf welchem ich bäuchlings an Frieder heranpaddeln will, ist er wieder verschwunden.

Ich brauche eine weitere Umrundung des Sees und viele konzentrierte Blicke in die umliegenden Böschungen, bis ich Frieder endlich entdecke und auf dem Arm zurück zum Wohnwagen trage.

Als Nächstes macht sich Nemo auf und davon. Einen Tag nach Frieders Fluchtversuch sind wir auf der Schlosswiese unterwegs und werden von einem Gewitter überrascht, das ich, obwohl ich als Flieger eigentlich die Wolken *lesen* kann und ständig auf das Wetter und die Windbedingungen achte, überhaupt nicht habe kommen sehen. In wenigen Minuten ist der Himmel rabenschwarz und die Bäume biegen sich im starken Wind. Bevor ich die Isomatte zusammengerollt habe, kracht auch schon der Donner los. Regentropfen prasseln wie dicke Salven aus Gänsekot über die Wiese.

Die Gänse watscheln mitten im Regen vor mir her. Obwohl ich wie verrückt tröte und gegenWind und Donner anschreie, um die Gänse bei mir zu halten, nimmt Nemo Anlauf, watschelt schneller und ist nach wenigen Schritten schon in der Luft. Im Gegensatz zu Frieder genießt Nemo das Vertrauen der ganzen Gruppe – sie folgen ihm sofort hinter die nächsten Baumwipfel. Nur Calimero bleibt gehorsam neben mir und wartet auf weitere Befehle, aber ich weiß gar nicht, welche Anweisungen ich ihm jetzt geben soll. So stehe ich ratlos neben meinem besten Gänsesoldaten und bin in kürzester Zeit völlig durchnässt. Also packe ich mir Calimero und renne zu den Volieren hinunter.

Immerhin warten dort bereits Glorio, Nils, Frieder und Maddin auf mich, allerdings befinden sich Glorio und Nils auf dem Dach. Während es wie aus Kübeln schüttet, stelle ich die Leiter ans Dach, bastele mir eine Armverlängerung aus einem alten Rohr und fuchtele damit nach den Gänsen, während ich immer wieder »Komm, komm, komm!« rufe. Der genervte Tonfall in meiner Stimme fällt den beiden leider gar nicht auf. Sie halten meine Bewegungen mit dem Rohr eher für ein Hüpfspiel, bei dem sie lustig über das Rohr auf die andere Seite flattern. Bei Sonnenschein würde ich das ja lustig finden, doch der Regen prasselt mir auf die Stirn, mein Hemd klebt an meiner Brust, meine Schuhe schmatzen vor Nässe und es fehlen immer noch Nemo und Paul.

Ich springe von der Leiter, renne ins Materiallager und knote ein Stück rot-weißes Absperrband um das Ende des Rohrs, in der Hoffnung, dass die Racker davor mehr Respekt haben.

»Glorio, komm, komm, komm«, rufe ich, halte das Rohr in die Luft, rutsche von der Leiter und schramme mit dem Schienbein die Sprossen entlang. Zum ersten Mal, seit die Gänse auf der Welt sind, bin ich richtig sauer.

»Runter jetzt! Aber ganz schnell!«, brülle ich und mache mit der Stange eine ruckartige Bewegung.

Ich weiß nicht, ob es an meinem Geschrei liegt oder an der rot-weißen flatternden Plastikstange, doch die beiden stoßen einen Krächzer der Entrüstung aus und lassen sich endlich einfangen.

Aber wie finde ich jetzt den Rest der Bande wieder? Mit nassen Klamotten setze ich mich in den VW-Bus, fahre die Feldwege rund um das Institut ab und hupe. Doch bei diesem Wetter ist es aussichtslos, eine Graugans überhaupt in dem Gelände auszumachen. Weil ich wenigstens irgendetwas tun will, fahre ich am Waldrand hin und her und rufe nach Nemo und Paul, obwohl ich kaum glauben kann, dass sich mich hören.

Das Gewitter verzieht sich so plötzlich, wie es gekommen ist. Mit einem Mal ist der Himmel wieder wolkenlos und es scheint, als wäre gerade die Sonne aufgegangen.

Die Schlosswiese ist glitschig und glänzt, als ich aussteige und mich einfach irgendwohin setze. Nasser kann ich jetzt auch nicht mehr werden.

»Gänsekom – meldet euch doch mal bitte«, murmele ich etwas kleinlaut und versuche, wenigstens den Sonnenschein zu genießen.

Habe ich überhaupt ein Recht, die Gänse jetzt wieder einzufangen, wenn sie eigentlich lieber in Freiheit leben wollen? Aber wenn ich die Gänse nach und nach alle verliere, war der ganze Aufwand umsonst, bevor wir überhaupt die ersten richtigen Messungen durchführen konnten.

Dann die Halluzination eines Schnatterns irgendwo zwischen den Bäumen. War da was? Ich raffe mich auf, mache ein paar Schritte durch das vor Nässe quietschende Gras und bleibe stehen. War da nicht doch ein Schnattern? Ich greife nach der Ballhupe und tröte hinein. Jetzt antwortet mir ein lautes Krächzen, ganz aus der Nähe. Ich renne auf die Bäume zu und kann schon nach wenigen Schritten Nemo erkennen. Er sitzt neben einem Baum, sieht mich von Weitem und watschelt auf mich und meine Tröte zu. Kaum habe ich ihn auf dem Arm, knabbert er an meinen Haaren und schnäbelt mir im Gesicht herum.

Jetzt fehlt nur noch Paul. Ich laufe mit Nemo zurück zur Voliere und mache mir erst einmal einen Kaffee. Ich muss klug und vernünftig vorgehen. Ich muss nachdenken. Der Kaffee schmeckt scheußlich. Wieso gerade Paul? Warum jetzt auch noch Paul?

Um mich irgendwie abzulenken, fertige ich auf der Bierbank neue Gurtzeugplatten für die Datenlogger. Das ist eine schöne Handarbeit, die mich immer automatisch entspannt. Ich schneide die Platten mit einem Teppichmesser aus weichem, flexiblem Kunststoff aus und polstere die Unterseite mit einem u-förmigen Stück Moosgummi ab. So hat die Wirbelsäule der Gänse genug Bewegungsfreiheit und die Rückenplatte liegt gleichzeitig gut auf. Als ich gerade den Sekundenkleber auf das Moosgummi schmiere, höre ich von Weitem das Geräusch vieler schlagender Flügel.

Eine Schar von Graugänsen erscheint am Himmel. Ich lasse den Sekundenkleber liegen und greife nach der Tröte. Dann renne ich raus auf den Feldweg und hupe, bis mir die Hand wehtut. Die Schar besteht aus ungefähr acht Gänsen, die majestätisch über den Himmel ziehen. Ich tröte und tröte.

Da löst sich eine einzelne Gans aus der Formation, verliert rasch an Höhe und setzt zur Landung mitten auf dem Maisacker an. Es ist Paul. Der nasse, lehmige Ackerboden klebt an seinen Flossen, und er hüpft mehr in meine Richtung, als dass er watschelt.

Ich breite die Arme aus. Als ich Paul schließlich wiederhabe und ihn drücken kann, stecke ich meine Nase in das Gefieder an seinem Hals und atme den Duft seiner Federn ein. Ich kann von diesem Geruch einfach nicht genug bekommen. Die Gänse riechen an dieser Stelle wie kleine Küken.

Früher hat die ganze Schar so gerochen. Aber diese Zeiten sind leider endgültig vorbei.

Zum Glück ist die Pubertät der Gänse nicht immer nur nervenaufreibend – als wir mal wieder auf der großen Wiese im Schatten liegen, versuche ich ein kleines Experiment:

Nach dem Ausruhen zupfen mir die Tiere wie immer etwas unruhig am Hosenbein und geben mir dadurch zu verstehen, dass es Zeit für einen ordentlichen Schnabel voll Getreidefutter in der Voliere wäre. Früher bin ich natürlich sofort aufgesprungen und habe die Mannschaft nach Hause geführt. Dieses Mal aber will ich beobachten, was passiert, wenn ich einfach seelenruhig sitzen bleibe.

Ein paar Minuten lang wirken die Gänse frustriert, doch dann organisieren sie sich selbst. Nemo fasst sich ein Herz und krächzt seinen Geschwistern zu.

Soll der Alte doch weiter faulenzen, mir hängt der Magen in den Kniekehlen. Alle Mann mir nach!

Nemo setzt sich Richtung Voliere in Bewegung und das Interessante ist: Er nimmt nicht den direkten Weg über die ungeschützte Wiese, sondern führt seine Gänse in der Deckung des Waldrandes entlang, wobei er ständig den Himmel und die Umgebung beobachtet. Die anderen Gänse folgen Nemo vertrauensvoll. Es macht mich tatsächlich wehmütig, dass Nemo mich einfach so ersetzen kann, doch gleichzeitig erfüllt es mich mit Zufriedenheit. Das können die Gänse also schon ganz alleine!

Ganz abgeschrieben bin ich als Gänsevater aber noch nicht. Als ich losrenne, die Verfolgung aufnehme und mich an die Spitze der watschelnden Gruppe setze, toleriert Nemo das ganz selbstverständlich.

RAUSWURF

Das Problem mit der Prägung auf die Eltern ist: Egal, ob die Bindung gut oder schlecht funktioniert, ob man eine gutes oder ein schlechtes Verhältnis zu den eigenen Eltern hat: Eine Alternative gibt es nicht. Man hat eben nur diese einen Eltern und muss irgendwie damit klarkommen – selbst wenn man eine Gans ist.

Leider gilt das auch für Frieder und mich. Die Gans kostet mich noch den letzten Nerv. Frieder will oder kann sich einfach nicht recht an mich gewöhnen, er weigert sich nach wie vor, auf mich zu hören und sprengt deshalb immer wieder die Dynamik der Gruppe.

Nach langem Überlegen habe ich deshalb eine Entscheidung getroffen: Frieder oder ich.

Wir beide sitzen ganz allein auf dem Steg des kleinen Badesees. Ich habe Frieder auf meinem Arm und blicke übers Wasser. Die Luft ist warm, aber nicht drückend. Hier am See ist die Stimmung friedlich und fast feierlich. Die Wasseroberfläche glitzert vor sich hin und die späte Nachmittagssonne scheint durch die Wipfel der Bäume am anderen Ufer. Grillen zirpen, ein Schwarm Rotfedern huscht in den Schatten unter den Steg. Eine Ente landet wie auf Wasserskiern mit ausgestreckten Füßen auf dem See.

»Frieder«, murmele ich und bringe es einfach nicht übers Herz, ihn jetzt in der Wildnis auszusetzen.

Dabei habe ich genau das beschlossen, und vor einer Stunde war ich mir auch noch sicher, dass es einfach nicht anders geht. Frieder soll ausgewildert werden.

Frieder und ich – das hat eigentlich von Anfang an nicht so richtig geklappt. Ich habe lange darüber nachgedacht, woran das liegen könnte, aber zu einer klaren Antwort bin ich nicht gekommen. Von einer mehrmonatigen Trotzphase bei Gänsen habe ich noch nichts gehört, und ich bin mir hundertprozentig sicher, ihn überhaupt nicht anders behandelt zu haben, als die restlichen Gänse. Aber während die anderen noch immer einigermaßen auf mich hören, war zum Beispiel die Wirkung der Tröte bei Frieder schon nach wenigen Wochen nahezu erloschen.

Dass Frieders Verhalten die Gruppe sprengt, ist ein Problem. Das Ziel unseres Projekts war es schließlich von Anfang an, die Gänse als Messbojen zu benutzen, die mir im Ultraleichtflugzeug hinterherfliegen. Solange Frieder jedoch dabei ist, kann ich für den Erfolg nicht mehr garantieren.

Zwar hat ihm Maddins Gesellschaft in letzter Zeit ganz gutgetan und Maddins Sanftmut hat ein bisschen auf Frieder abgefärbt, aber dennoch gehen die meisten Störungen in der Gruppe von Frieder aus.

Gestern beispielsweise wollte ich mit den eigentlich motivierten Gänsen fliegen. Frieder startete ganz normal, bog aber schon nach 50 Metern nach links Richtung Voliere ab. Die restlichen Gänse folgten ihm und wir mussten den Flug abbrechen. So kommen wir einfach nicht weiter! Wenn Frieder sich weiter so verhält, dann verliere ich bald endgültig die Autorität über die anderen Gänse.

Ich habe ihm einige Tage lang sogar Privat-Flugstunden erteilt, während die anderen Gänse in der Voliere waren, aber dadurch hat sich seine Einstellung nicht geändert. Ebenso wenig bringt es, wenn ich es umgekehrt mache und nur mit den anderen fliege, während er unten wartet. Sobald ich ihn in den Käfig am Flugplatz sperre, ruft er aus Leibeskräften und bringt dadurch die anderen Gänse ebenfalls aus dem Konzept. Dann brechen sie prompt aus ihrer Formation aus und landen wieder in seiner Nähe.

Das alles ist besonders schade, weil Frieder ein überaus guter und athletischer Flieger ist. Im Gegensatz zu Nemo, der erst einige Flügelschläge beschleunigen muss, kann er wie ein Senkrechtstarter aus dem Stand abheben. Frieder fliegt mit einer grandiosen Leichtigkeit und Kraft, von der sich die anderen Gänse ruhig etwas abschauen könnten.

Vielleicht, überlege ich, gibt es eben in den meisten Familien ein schwarzes Schaf oder eine schwarze Gans. Da hilft es wenig, wenn die Eltern sich Vorwürfe machen. Aber das ist natürlich leichter gesagt als getan. War ich nicht vielleicht doch irgendwie, unbewusst oder unbemerkt, weniger liebevoll zu Frieder? War vielleicht meine erste Reaktion auf sein Verhalten zu heftig und hat sich der ganze Konflikt dann hochgeschaukelt? Oder personifiziere ich Frieder jetzt viel zu sehr? Ist es nicht schwachsinnig, bei einer Graugans vom *Drama der begabten Gans* zu sprechen, nur, weil sie einfach ein bisschen störrisch und widerborstig ist?

Das mit den Vorwürfen ist natürlich bei Adoptiveltern noch ein bisschen schlimmer. Die ganze Zeit frage ich mich: Hätte Frieder sich bei einer echten Graugansmutter vielleicht komplett anders verhalten? Wäre dann aus Frieder ein lieber, folgsamer Paul geworden?

7 Gründe, warum mir Frieder trotzdem ans Herz gewachsen ist
Ich weiß nie, ob er nicht doch nur Spaß macht
Das Grinsen auf seinem Schnabel
Frieder ist überhaupt nicht dumm
Er ist der beste Flieger von allen
Ich weiß noch, wie er mich früher angepiepst hat
Ein Che-Guevara-Gänseanzug würde ihm ziemlich gut stehen
Wer mag eigentlich Streber-Gänse?

Etwas Merkwürdiges kommt noch hinzu: Gerade weil Frieder und ich so viel kämpfen mussten, habe ich mit ihm besonders viel Zeit verbracht und auch deshalb ist mir der kleine Revoluzzer ans Herz gewachsen. Mit Störenfrieden hat man schließlich immer am meisten Ärger – und ich kann mir unsere kleine Gänsefamilie ohne Frieder noch nicht so recht vorstellen.

»Frieder«, sage ich noch mal, »wiwiwiwi!« Aber die Gans reagiert nicht, sondern sieht nur etwas nachdenklich auf den See.

Ich versuche mir klarzumachen, dass Frieder es nie anders gewollt hat. Er war schließlich immer gegen alles. Andererseits hatte er keine Wahl. Als er aus dem Ei geschlüpft ist, gab es eben nur mich.

Ich lasse die Füße im Wasser baumeln und verfolge die schnellen Bewegungen des Rotfederschwarms. Kann ich Frieder überhaupt in der Wildnis aussetzen? *Darf* ich das? Was ist mit Füchsen, Hunden oder Jägern? Habe ich ihm genug beigebracht, damit er alleine zurechtkommen kann? Wird er Anschluss an eine wilde Graugansfamilie finden? Wenn ich es mir recht überlege, dann ist das nicht besonders wahrscheinlich. Aber bei uns bleiben, kann er eben auch nicht mehr.

Ich setze Frieder neben mich auf die feuchten Planken und lasse ihn los.

»Frieder, es tut mir leid«, sage ich, »ich glaube wirklich, dass es das Beste für dich ist.«

Er sieht mich lange und ruhig an, als wolle er sagen: *Ist das tatsächlich dein Ernst? Du willst mich ohne Abendessen einfach hier aussetzen? Das ist kalt, Mann, das ist wirklich kalt. Aber ich habe nie etwas anderes von dir erwartet.*

»Jetzt im Sommer findest du überall Essbares. Und wenn du nicht klarkommst, dann hole ich dich in ein paar Tagen wieder zurück! Versprochen. Jetzt flieg' aber los und mach' dir ein schönes Leben in Freiheit!« Am Hals trägt Frieder einen solarbetriebenen GPS-Halsbandsender. Mit diesem kleinen Gerät können wir jederzeit im Internet nachschauen, wo er sich gerade aufhält. Das ist meine Versicherung, dass wir ihn, falls etwas schiefläuft, rasch wieder einfangen können.

Toll, deine Versprechen sind echt viel wert. Super großzügig von dir, dass ich sogar wieder zurückkommen darf.

Frieder bleibt auf dem Steg sitzen und denkt gar nicht ans Losfliegen. Er watschelt nur ein paar Meter weg, kackt auf das Holz und setzt sich wieder hin.

Vielleicht hätte ich den alten Antitrick anwenden sollen, der bei kleinen Kindern manchmal funktioniert: »Nein, Frieder, du bleibst jetzt hier! Flieg' bitte auf gar keinen Fall weg! Das schaffst du kleine Gans eh nicht!« – dann wäre er sicher sofort losgeflogen. Frieder macht einfach grundsätzlich das Gegenteil von dem, was ich ihm sage.

Doch mit einem Mal ertönt am Himmel ein Krächzen. Eine Schar von Graugänsen zieht über uns hinweg. Frieder schnattert und krächzt einmal laut zurück, breitet seine Flügel aus und ist in der Luft. Er gleitet knapp über die Wasseroberfläche.

Als die Wildgänse hinter den Baumkronen verschwinden, landet er in der Mitte des Sees und krächzt ihnen lauthals hinterher. Wie von Zauberhand kehrt die Gänseformation zurück, fliegt direkt über Frieder hinweg, dreht eine sanfte Kurve um den See und landet etwa 200 Meter von ihm entfernt auf dem Wasser.

Frieder schwimmt auf die wilden Gänse zu und mir krampft sich das Herz zusammen. Er paddelt mit den Füßen unter dem Wasser und hinterlässt auf der Oberfläche ein V, das immer größer wird. Es ist, als würde ich meinen Sohn dabei beobachten, wie er schüchtern neben einer

Gruppe von *coolen* Kindern steht und vorsichtig fragt: *Darf ich mitspielen?* Ungefähr 100 Meter von den Gänsen entfernt hält Frieder an und blickt zwischen mir und der Gruppe hin und her.

Ich ziehe mich zurück, damit meine Anwesenheit die anderen Gänse nicht verunsichert. Zwar würde ich gerne verfolgen, ob Frieder Freundschaft mit den wilden Gänsen schließt, aber natürlich möchte ich ihn dabei nicht stören.

Leute, der komische, uncoole Typ da vorn gehört nicht zu mir! Ich kenn den gar nicht!

»Alles Gute, mein Lieber!«, rufe ich ihm nach und verschwinde durchs Dickicht aufs Feld und dann zum Parkplatz.

Im Auto allerdings werde ich wieder unsicher, umkralle das Lenkrad und bleibe eine Weile sitzen, bevor ich losfahre. War es das Richtige? Werden die Wildgänse Frieder wirklich aufnehmen? Oder ist er zu stolz, um sie überhaupt darum zu bitten? Sehen ihn die anderen vielleicht sogar als *Freak,* weil er bei Menschen aufgewachsen ist?

Vier Tage lang verfolge ich Frieders Position über den Peilsender. Um Strom zu sparen, übermittelt der Sender nur drei Koordinaten pro Tag – sie befinden sich alle in der Nähe des Badesees. Frieder scheint es also nicht gelungen zu sein, sich den Wildgänsen anzuschließen und mit ihnen davonzufliegen. Vielleicht ist er selbst ihnen zu sehr auf die Nerven gegangen.

Ganz allein ist Frieder am See allerdings nicht. Er hat eine spezielle Freundin gefunden, die wir nach ein paar

Tagen auf einem unserer Gänsespaziergänge treffen: Es ist die Baronin – der Revoluzzer hat sich mit der Baronin angefreundet.

»Haben Sie vielleicht eine Gans verloren?«, fragt sie neugierig und betrachtet die restlichen Gänse, die mir, noch immer halbwegs treu, hinterherwatscheln.

»Nein, eigentlich nicht.«

»Das ist ja merkwürdig. Seit ein paar Tagen schwimmt mir beim Baden im See eine Gans hinterher. Sie trägt eine Halsmanschette mit Solarzellen und ist total hübsch und putzig!«

»Putzig?«

»Sind Sie sicher, dass die nicht von Ihnen ist?«

»Tja, also.«

»Das arme kleine Kerlchen sieht etwas mager aus. Und die Gans wirkt so allein.«

»Es ist Frieder«, sage ich etwas resigniert, »wir hatten ihn aber nicht verloren, sondern gehofft, dass er Anschluss an eine wilde Graugansschar findet. Denn bei uns kommt er nicht mehr so richtig zurecht.«

»Also ich glaube, Sie sollten der Gans lieber helfen. Alleine schafft die das nicht. Und sie ist so zutraulich!«

»Vielen Dank fürs Bescheidsagen! Ich werde mich um die Gans kümmern«, sage ich und weiß nicht so recht weiter.

Armer Frieder. Jetzt muss gerade er sich von einer Baronin retten lassen!

Sofort mache ich den VW-Bus startklar, klemme mir die Tröte unter den Arm und fahre zur Badestelle am See. Ich stelle den Bus am Parkplatz ab und laufe den Rest des Wegs zu Fuß durch den Wald.

Als ich von Weitem die Badestelle erkennen kann, kneife ich die Augen zusammen und schüttele mit dem Kopf, so unwirklich sieht die Szene aus: Frieder sitzt ganz entspannt am Ufer und schaut dem Treiben der Kinder zu.

Als er meine Tröte hört, stößt er einen lauten Krächzer der Erleichterung aus, schnattert zufrieden und watschelt in meine Richtung. Frieder hat tatsächlich mächtig an Gewicht verloren. Der arme Kerl sieht fast ein bisschen dürr aus. Ich fühle mich plötzlich so schuldig, dass ich mich beherrschen muss, jetzt nicht in Babysprache mit ihm zu reden. Die Badegäste sind ohnehin schon mehr als amüsiert über mein seltsames Verhalten. Da kommt ein Kerl mittleren Alters mit einer Tröte an den See und kriecht auf allen vieren, Beschwörungsformeln murmelnd, auf eine Graugans zu.

»Komm, Frieder, wir gehen nach Hause!«, flüstere ich ihm zu, als hätte ich ihn tatsächlich verloren und nicht selbst ausgesetzt. Frieder ist offenbar so erleichtert, mich wiederzusehen, dass er sich auf den Arm nehmen und zum Bus tragen lässt, als wäre er Paul.

So sitzt der verlorene Sohn also wieder neben mir auf dem Beifahrersitz, und ich weiß nicht, ob ich mich entschuldigen oder ihn ermahnen soll.

Als ich ihn in die Voliere sperre, erwarte ich eigentlich ein Wiedersehensfest mit seinen Geschwistern. Doch Nemo und Calimero senken sofort die Köpfe und nehmen Frieder gegenüber eine Drohhaltung ein.

Wir waren die Nervensäge doch eigentlich schon längst los! Wieso schleppt der Typ den denn wieder an? Calimero, verstehst du das?

Weil der Typ ein Weichei ist, deshalb! Aber Hauptsache, der Arschkrampen Frieder kommt mir nicht zu nahe!

Frieder denkt gar nicht daran, sich von den beiden einschüchtern zu lassen. Da gehen sie auch schon auf ihn los und verbeißen sich in sein Gefieder.

»Hört auf ihr Spinner! Geht's noch?«, schimpfe ich die beiden Türsteher-Gänse an. »Lasst den armen Frieder in Ruhe! Seht ihr nicht, wie dünn er geworden ist?« Erst als ich beherzt dazwischengehe, lassen sie von ihm ab und ziehen sich zurück.

Frieder ist sichtlich aufgeregt, beruhigt sich aber schnell wieder, als ich ihm eine Schale voller Getreidefutter hinstelle und in seiner Nähe bleibe. Er pickt das Futter voller Wonne auf und ich versuche, die Aktion seiner Geschwister irgendwie einzuordnen.

Dass Frieder nach der kurzen Abwesenheit gleich aus der Gruppe verstoßen wird, hätte ich nicht gedacht und dies könnte die Situation noch mal komplizierter machen. Gänse können untereinander ziemlich grob werden.

Frieder frisst sich pappsatt. Ich bleibe noch eine Weile neben ihm sitzen und beobachte das Verhalten der anderen. Zuerst wird Frieder einfach nicht beachtet. Sobald er sich jedoch auf die Gruppe zubewegt, wird er von Calimero, Nemo und sogar Nils mit gesenktem Kopf vertrieben. Immerhin kommt es nicht zu handfesten Auseinandersetzungen – sie drohen ihm und er zieht sich zurück.

Nach über zwei Stunden ist es – natürlich – Frieders alter Freund Maddin, der vorsichtig wieder Kontakt zu ihm aufnimmt. So, als komme er eigentlich nur zufällig in Frieders Nähe, grast sich Maddin vorsichtig an seinen ehemals besten Freund heran. Dann fängt er plötzlich an, Frieders Gefieder zu putzen und sofort ist das Eis gebrochen.

Es entbrennt eine regelrechte Liebesputzorgie, und innerhalb weniger Minuten sind Frieder und Maddin wieder ein Herz und eine Seele. Die restlichen Gänse beobachten die beiden Turtelgänschen argwöhnisch, und schließlich ist es Glorio, der auf Frieder zugeht und ihn wieder in der Gruppe begrüßt.

Wir werden Frieder einfach nicht los.

KREISE ÜBER DEM MAISFELD

An einem Tag im September fallen mir ungewöhnlich viele Federn in einer Ecke der Voliere auf. Es sind Deckfedern, von denen Gänse normalerweise nur wenige verlieren. Ich wundere mich zwar ein bisschen und frage mich, ob die Gänse in der Nacht aufeinander losgegangen sind, was unwahrscheinlich ist, denke mir aber nichts weiter und starte – wie jeden Tag, solange das Wetter es einigermaßen zulässt – wieder mit ihnen auf den Flugplatz.

Doch am zweiten Tag liegen noch mehr Deckfedern in der Ecke und am dritten hätte ich wahrscheinlich schon genug für ein schönes Kopfkissen zusammensammeln können.

Ich untersuche die Federn der Gänse gründlich und kann mir den Zustand ihres Gefieders nicht recht erklären. Aber es ist nicht von der Hand zu weisen: Bei den Gänsen hat eine Mauser der Deckfedern begonnen.

Die Mauser ist der natürliche Wechsel der Federn. Gänse mausern einmal im Jahr, weil sich ihre Federn einfach irgendwann abnutzen. Sie werfen dann innerhalb kürzester Zeit sämtliche Schwungfedern ab, die anschließend in ungefähr vier bis sechs Wochen gleichmäßig nachwachsen. Während dieser Zeit sind die Graugänse flugunfähig und besonders gefährdet. Deshalb halten sie sich meist in Ufernähe auf und flüchten bei jeder noch so geringen Störung ins Wasser – nur dort sind sie vor den meisten Feinden sicher.

Im September ist eine Mauser für die Gänse allerdings ziemlich ungewöhnlich. Normalerweise verlieren die Graugänse in dieser Gegend zwischen Mitte Mai und Mitte Juni ihre Federn, nämlich genau dann, wenn sie ihre Küken aufziehen und gerade sowieso nicht fliegen müssen. Sobald die Küken flügge sind, ist die Mauser der Elterntiere beendet, und sie können ihrem Nachwuchs mit frischem Gefieder Flugstunden geben.

Ein Großteil der vom Menschen genutzten Gänsedaunen ist ein Abfallprodukt geschlachteter Gänse. Ein weiterer Teil besteht aus den Daunen, die Gänse bei der natürlichen, schmerzlosen Mauser verlieren. Es gibt aber immer noch Länder, in denen die Gänse bei lebendigem Leib und vollem Bewusstsein vier- bis siebenmal vor der Schlachtung gerupft werden. Auf diese Weise lassen sich die Gänsedaunen in einem viel kürzeren Zeitraum gewinnen – immer wieder schaffen es diese lebendgerupften Daunen auch auf den deutschen Markt.

Wenn ich mir das vorstelle, dreht sich mir fast der Magen um. Ich werde auf keinen Fall je wieder riskieren, lebendgerupfte Daunen zu kaufen, sondern im Zweifelsfall auf synthetisches Material zurückgreifen. Ohnehin bieten diese Fasern bereits etliche Vorteile gegenüber der klassischen Gänsedaune. Bei der Isolation und der Feuchtigkeitsübertragung schneiden die modernen Fasern inzwischen sehr viel besser ab als Naturdaunen. Von der Allergenfreiheit ganz zu schweigen.

Eine Mauser der Deckfedern macht die Gänse zwar nicht flugunfähig, dennoch ist sie zum jetzigen Zeitpunkt ein merkwürdiges Phänomen. Ich spreche mit mehreren Gänsespezialisten – ihre einhellige Meinung ist, dass die Mauser ein Grund für die derzeitige Flugunlust der Gänse sein könnte.

Vielleicht sind die Gänse in meinem Vier-Federn-Hotel einfach zu verwöhnt. Möglicherweise wollen sie durch die Mauser auch weitere Energie sparen, das ist ohnehin eines ihrer wichtigsten Prinzipien.

Ich kehre die Federn zusammen und mache mir Sorgen. Die fehlenden Deckfedern sind nicht unser einziges Problem: Bei einem Flugversuch flattert Maddin genau dorthin, wo ich landen will und ich berühre ihn mit dem Hinterrad. Es hört sich an, als würde jemand mit der Faust in ein Daunenkissen schlagen. Maddin wird durch die Luft gewirbelt und knallt auf die Wiese. Im ersten Moment bin ich mir sicher, dass er nicht überlebt hat.

Ich bringe das Flugzeug zum Stehen und laufe zurück zu der Gans, die mit ausgestreckten Füßen auf dem Rücken liegt. Doch als ich ihn anfasse, schnattert er ganz normal und steht sogar auf. Maddin humpelt ein wenig, doch er scheint sich nichts getan zu haben. Um sicherzugehen, bringe ich ihn trotzdem zum Tierarzt.

Im Wartezimmer muss ich an meinen Sohn denken, der im Alter von drei Monaten schwer krank wurde. Er konnte damals nicht sagen, was ihm wehtat oder was ihm fehlte, deshalb fühlten wir uns auf entsetzliche Weise hilflos. Mir kommt es erstaunlich vor, dass Maddin, der auf meinem Schoß im Wartezimmer sitzt, die Ängste von damals reaktiviert. Es ist, als könne Liebe und Sorge sogar die Grenzen der Spezies überwinden. Liebe ist einfach da.

Maddin schaut neugierig in die Runde und lässt sich weder von dem Bernhadiner namens Beethoven verunsichern, dessen linkes Bein verbunden ist, noch durch Gonzalez, einen jämmerlich maunzenden, dicken grauen Kater, der in einem Käfig auf dem Schoß seiner Besitzerin wartet.

Sogar, als Cockerspanielhündin Blümchen von gegenüber, die scheinbar nur ein bisschen Husten hat, schwanzwedelnd auf uns zukommt, wird Maddin nicht unruhig, sondern schnäbelt nur weiter am Bändel meiner Jacke. Besonders interessant findet er die Plastikkappe am Ende der Kordel, welche diese vor dem Ausfransen schützt. Es dauert nicht lange, dann hat er sie abgekaut – unfassbar, welche Kraft im Schnabel einer Gans stecken kann.

Glücklicherweise stellt die Tierärztin bis auf eine tastbare Prellung nichts weiter fest. Sie verschreibt uns ein Schmerzmittel, das ich zweimal am Tag mit einer Spritze direkt in den Schnabel verabreichen soll.

Am nächsten Tag sitzt Nemo vor seinem geliebten Bassin und bewegt sich kaum. Er wirkt leicht desorientiert und begrüßt mich nicht. Als ich ihn auf den Arm nehme, hängt sein linkes Bein kraftlos herab. Er scheint darüber keine Kontrolle mehr zu haben. Im ersten Moment vermute ich eine Lähmung, vielleicht durch einen blockierten oder eingeklemmten Nerv.

Ich taste Nemo ab, und es stellt sich heraus, dass irgendetwas mit seinem Oberschenkel nicht stimmt. Die knöchernen Strukturen in seinem Bein fühlen sich zu locker an. Wieder hetze ich zur Tierärztin, diesmal mit Nemo. Da es noch früh am Morgen ist, sind wir die ersten und bisher einzigen Patienten – die Ärztin ist sich schnell sicher, dass Nemos Oberschenkel gebrochen ist. Ich muss also mit ihm zum Röntgen. Eine Tierarzt-Gemeinschaftspraxis zwei Dörfer weiter verfügt über ein geeignetes Gerät. Damit Nemo beim Röntgen nicht zappelt, bekommt er eine leichte Narkose.

Ganz schlaff liegt er da, während ich mir die Bilder ansehe. Nemo hat sich einen komplizierten Oberschenkeltrümmerbruch zugezogen. In der freien Natur wäre diese Diagnose ein Todesurteil, und auch wir müssen nun abwägen, was zu tun ist. Die Ärzte sind sich einig, dass eine Operation möglich und sinnvoll wäre. Mit einem Marknagel und einer Platte könnte man Nemos Oberschenkelknochen genügend fixieren, sodass er wieder zusammenwachsen kann.

Ich sehe abwechselnd vom reglosen Nemo zu den Ärzten und überlege. Eine Operation für eine Gans – natürlich ist das ungewöhnlich und vielleicht sogar bizarr. Wie wenig wiegt das Leben einer Gans, wenn es darum geht, aus ihr einen Weihnachtsbraten zu machen? Und wie viele Menschen auf der Erde haben kein Geld und keine Möglichkeiten für eine derartige Operation? Dennoch: Was sollen wir tun? Wir können Nemo nicht einfach sich selbst überlassen. Ich habe ihn beziehungsweise das Ei, in dem er war, als Gänsevater ausgesucht, und jetzt bin ich auch für ihn verantwortlich.

Das große Glück ist, dass der Bruch geschlossen ist und Nemo keine offene Wunde hat. Dadurch ist die Infektionsgefahr geringer. Ich entscheide mich für die Operation, und schon am nächsten Morgen wird Nemo narkotisiert. Wie ich später erfahre, ist es gar nicht so einfach, einen Patienten, der quasi im Daunenschlafsack auf dem Operationstisch liegt, auf einer ungefährlichen Temperatur zu halten. Die Ärzte müssen sich zwischenzeitlich damit behelfen, Nemos Füße in Eiswasser zu legen, damit er sich während der Operation nicht überhitzt.

Glücklicherweise verläuft die Operation ansonsten glimpflich, und unsere Tierpfleger bauen der genesenden Gans zu Hause ein gemütliches Nest aus Stroh und Heu. So kann er sich einige Tage lang ausruhen, bis sein Oberschenkel wieder zusammengewachsen ist. Der arme kleine Kerl!

Nun würde man meinen, die restlichen Gänse, seine Geschwister, könnten es gar nicht abwarten, sich um den kranken, verletzten Nemo zu kümmern. Doch das wäre eine naive Illusion. So stark der Zusammenhalt der Gänse auch ist: Wenn es um die Rangordnung geht, verstehen sie keinen Spaß.

Ich muss das gemütliche Krankennest von Nemo in den Transportkäfig stellen. Sonst würden die restlichen Gänse ihn wahrscheinlich angreifen. Als ranghöchster, jetzt aber bewegungsunfähiger Ganter, bietet er ein leichtes Ziel und kann sich nicht wehren. Calimero würde ihn sicherlich schon am nächsten Tag vom Thron stoßen und Nemos Knochen vermutlich nur noch weiter zertrümmern.

Da Frieder unsere Flugversuche ohnehin nur stört, lasse ich ihn tagsüber bei Nemo, damit er ihm ein wenig Gesellschaft leisten kann. Zwischen den beiden ist die Rangordnung klar genug – ich denke, Frieder wird ganz sicher nicht auf ihn losgehen.

Während Maddin, Frieder und Nemo sich erholen, mache ich mit den restlichen Gänsen noch immer jeden Tag Flugtraining. Oft kann ich mich nur dank dieser Routine einigermaßen motivieren, aber ich ertappe mich immer häufiger bei dem Gedanken, das ganze Projekt einfach abzubrechen.

Die Flughöhe stimmt einfach noch immer nicht. Die Gänse sind zwar an das Ultraleichtflugzeug gewöhnt und fliegen problemlos mit mir gemeinsam los. Dann aber muss ich jedes Mal abdrehen. Nach zwei oder drei weiteren Versuchen, gebe ich normalerweise auf und wir fahren nach Hause. Ich hätte nie gedacht, dass ich dies einmal sagen würde, aber das Fliegen mit den Gänsen ist zurzeit eine Qual.

Wenn mich die Zweifel überkommen, dann gehe ich zu einer knorrigen, alten Eiche in den Wald. Der Stammumfang des Baumes beträgt fast acht Meter und das Blätterdach sieht von unten riesig aus. Ich lehne mich an den Stamm, schließe die Augen und stelle mir vor, wie viel dieser Baum in den letzten 300 oder 400 Jahren erlebt haben muss. Was alles Schreckliches oder Wunderbares passiert ist, während er einfach nur da war. Die Rinde fühlt sich an meinem Rücken rau an, und ich habe fast das Gefühl, die sanfte Lebensenergie zu spüren, die seit so vielen Jahren durch den Baum fließt.

Als Kind habe ich einen großen Teil meiner Freizeit im Wald verbracht. Mein Lieblingsspiel war die sogenannte Tannenzapfenschlacht mit meinem Vater, bei der wir uns gegenseitig mit großen Tannenzapfen bewarfen und immer derjenige gewann, der die meisten Treffer landen konnte. Damals war ich einfach draußen und habe mit dem gespielt, was auf dem Waldboden lag. Mehr brauchte ich nicht.

Meistens strahlt ein wenig des Friedens der alten Eiche auf mich ab. Doch das Problem mit dem Fliegen kann auch der Baum nicht lösen.

Besonders schlimm ist es an einem eigentlich großen und wichtigen Tag – das Filmteam ist wieder da und will heute mit einem Helikopter drehen. Das ist schon deshalb schwierig, weil ich gerade ein blaues Auge habe, das mir nicht der Türsteher Calimero, sondern der kleine Nils verpasst hat. Er kam plötzlich von oben auf mich zu und wollte nur an meinen Haaren knabbern, was er normalerweise ziemlich sanft und vorsichtig macht. Doch plötzlich erwischte er mein Augenlid und pickte daran herum. Der Schmerz hielt sich zwar in Grenzen, doch mein Auge schwoll in kürzester Zeit fast vollständig zu.

Mit dem blauen Auge verlade ich die Gänse in den Bus und mache mich, gemeinsam mit Laura, die zur Unterstützung extra für dieses Ereignis angereist ist, auf den Weg zum Flugplatz. Das Geräusch des Hubschraubers ist schon von Weitem zu hören. Hinter der Bergkette taucht die Maschine auf. Vorne an den Kufen ist eine riesige Kamera montiert.

Aus ungefähr 800 Metern Entfernung soll ich auf den Hubschrauber zufliegen, was mir bei dem Rotorenwind, den die riesige Maschine erzeugt, ein ziemlich mulmiges Gefühl verschafft. Während ich auf die Startbahn rolle, kommt es mir vor, als hinge dort oben ein riesiger Fleischwolf im Himmel, der mir zuraunt: »Magst du dich vielleicht von mir frisieren lassen?« Die Baumkronen biegen sich im Abwind des Hubschraubers.

Die Gänse starten problemlos neben mir und reihen sich an meiner rechten Tragflächenspitze auf. Glorio ist der erste, dann folgen Calimero, Nils und Paul. Der Hubschrauber kommt immer näher. Als ich fast direkt vor ihm bin, schwenkt er langsam zur Seite und gibt uns den Weg zum Vorbeiflug frei. Die Gänse lassen sich von dem Ungetüm überhaupt nicht beeindrucken und bleiben an meinem Flugzeug, so groß ist ihr Vertrauen in mich.

Mehr als 20 Meter Höhe schaffen wir jedoch nicht. Selbst in dieser Höhe setzen die Gänse alles daran, während des Flugs möglichst wenig Energie zu verbrauchen. Sie fliegen so energieeffizient wie möglich, was sich bereits in dem genetisch programmierten Formationsflug zeigt. Aber es reicht ihnen noch nicht aus, nur hintereinander zu fliegen – sie nutzen auch die Luftbedingungen in der Nähe des Ultraleichtflugzeugs, um massiv an Kraft zu sparen. So bildet sich an den Anströmkanten der Tragfläche beim Fliegen immer ein kleines Aufwindband, in welchem die Luft nach oben strömt. Die Gänse haben bereits nach dem zweiten Flug erkannt, dass sie diese Luftströmung gezielt nutzen können und, wenn sie sich in diesem Bereich aufhalten, fast gar nicht mehr mit den Flügeln schlagen müssen. Sie surfen praktisch in der Bugwelle der Anströmkante. Durch mich haben sie etwas, von dem ich als Drachenflieger nur träumen konnte: Eine vor ihnen herfliegende Luftwelle, die sie trägt.

Wenn die Gänse in dieser Welle surfen, dann muss ich unten ganz schön Gas nachschieben, um die Höhe zu halten. Was wieder mal ein Beweis für mein *Schwarzwälderkirschtorten-Theorem* ist. Manche Leute nennen das auch Energieerhaltungssatz: Wenn ich aus einem System an einer Stelle Energie entnehme, dann muss ich an anderer Stelle wieder Energie zuführen, um das Ganze stabil zu halten. Das ist bei einer Schwarzwälder Kirschtorte nicht anders. Backt man zum Beispiel seiner Oma eine solche Torte und vergisst dann, Energie in Form von Kälte hineinzustecken, dann kann die alte Dame am nächsten Tag nur noch einen Strohhalm benutzen und das Ganze als Kirschwasserbaileys trinken; oder sie hat viel Arbeit damit, das flüssige Zeug von ihrem Tisch zu wischen.

Ich betrachte Glorio an der Spitze der Formation neben meinem Flügel. Er hat den Hals weit vorgereckt und gleitet mit wachem Blick dahin. Im Vergleich zum rhythmisch pumpenden Körper, liegt sein Kopf ganz ruhig in der Luft. Die Flügelbewegungen werden durch den langen Hals nahezu vollständig kompensiert. Glorio sieht immer wieder nach hinten zu seinen Geschwistern, und ich habe fast den Eindruck, als warte er darauf, dass Calimero, der in seinem Windschatten fliegt, ihn endlich ablöst.

Wie wär's, wenn du mal deinen Hintern hier nach vorn in den Wind schwingst? Kommt ihr nicht mal allein auf die Idee, mich abzulösen?

Tut mir echt leid, aber die Körner von gestern hängen mir noch falsch im Gedärm. Wieso fliegt der Typ eigentlich so schnell? Was will der diesen Filmleuten eigentlich beweisen?

Tatsächlich lässt sich Glorio plötzlich zurückfallen und Calimero wechselt im Flug an die Spitze, dreht dann aber plötzlich nach unten ab. Wir bewegen uns über ein riesiges Maisfeld, als ich aus dem Augenwinkel erkenne, wie auch Paul an Höhe verliert. Ich versuche, wenigstens Nils und Glorio zu halten, doch Nils verlässt sich völlig auf Paul. Ich spüre förmlich, wie Glorio mit sich ringt und nach seinen beiden jüngeren Geschwistern Ausschau hält. Dann dreht auch er ab und fliegt den beiden nach, als wolle er sie beschützen. Jetzt fliegt nur noch mein alter Soldat Calimero neben mir, die restlichen Gänse sind im Maisfeld verschwunden.

Ich setze Calimero unten ab, dann drehe ich ohne eine einzige Gans eine große Runde. Ich suche das Maisfeld mit bloßem Auge ab, kann aber nichts erkennen. Vor dem Hintergrund einer Wiese oder eines abgemähten Ackers sind die Gänse mit ihrem Gefieder bestens getarnt.

Glorio sehe ich allerdings schon von Weitem. Oder eher: Den kilometerlangen Stau, den er verursacht – er hat sich entschieden, auf der vielbefahrenen Bundesstraße zu landen und bewegt sich kein bisschen vom Fleck. Einige Fahrer sind ausgestiegen und stehen neben ihren Autos, andere hupen vor sich hin. Ich kreise in niedriger Höhe über Glorio und kann zwei Mitarbeiter des städtischen Bauhofs dabei beobachten, wie sie mit dem Ganter *diskutieren*. Die Argumente der beiden überzeugen Glorio jedoch nicht. Er bleibt einfach stehen.

»Einfangen! Fangt die Gans ein! Sie gehört zu mir!«, brülle ich von oben aus dem Flugzeug, bin mir aber nicht sicher, ob mich die beiden Männer verstehen. Sie heben die Köpfe und glotzen mich an, als wäre ich ein prähistorischer Flugsaurier.

Mit Hilfe von drei weiteren Verkehrsteilnehmern und der Wolfsrudeltechnik schaffen sie es jedoch, Glorio in die angrenzende Wiese zu treiben, wo er sich anstandslos einfangen lässt.

Ich rufe so laut ich kann: »Fluuugplaaatz!«, und einer der Männer hebt seinen Arm. Ich sehe, wie die beiden in ihren Bauhof-Sprinter steigen und den Feldweg Richtung Flugplatz einschlagen, dann jedoch über eine Wiese, die eigentlich eine Sackgasse ist, abkürzen wollen.

»Neein!«, schreie ich, aber in dem Wagen können mich die beiden auf keinen Fall verstehen. Wollen sie Glorio einfach auf der Wiese freilassen?

Mir bleibt nichts anderes übrig, als abzudrehen und auf der Wiese zu landen. In einem tiefen Überflug vergewissere ich mich, dass dort keine Gräben oder Schlaglöcher sind, dann lande ich kurzerhand neben den beiden verdutzten Männern und meiner Gans. Bevor ich Erklärungen abgeben kann, untersuche ich Glorio auf Verletzungen, aber er scheint mit keinem Auto in Berührung gekommen zu sein.

»Danke«, sage ich zu den beiden Männern.

»Es isch uns ä Vergnugäh gsi. Startesch du etzet mit därä Entäh vu do hanne?«, antwortet der eine in tiefstem

Allemannisch, und ich kann mir ein leichtes Grinsen nicht verkneifen. Ich liebe unseren Dialekt. Mindestens so sehr wie die Gänse.

»Des isch gar kein Entäh, des isch a Gans!«, erkläre ich. »Wäret ihr so lieab und würdet ihr sell Viech schnell no zum Flugplatz fahräh?«

Der Mann schaut die Gans an und sagt freundlich: »Hojo klar, des machemer gern! Bass aber uf die uff, wenn etzet do über den Acker startäh tuscht!«

»Ha, des isch gar ko Probläm!«, sage ich. Leider stimmt das nicht ganz. Die Landung in einer holprigen Wiese ist einfach und sogar besonders günstig, da der unebene Untergrund sehr gut bremst. Beim Starten ist es allerdings anders. Je stärker der Untergrund bremst, desto länger muss die Startbahn sein. Auf Asphalt reichen manchmal schon 20 Meter aus, auf dieser Wiese brauche ich dagegen mindestens 100.

Ich verabschiede mich von den beiden und gehe mehrmals die Wiese ab. Sie reicht als Startbahn gerade so aus, und ich bin froh, dass sie nicht an den Enden von hohen Bäumen begrenzt ist. Es ist nur ein kleiner Hopser, bis ich wieder landen muss und Glorio endlich in Empfang nehmen kann.

Jetzt fehlen noch Nils und Paul. Zwar sind die beiden mit einem Peilsender ausgestattet, doch mitten im Maisfeld ist das Signal sehr schwach und die Ortung demzufolge äußerst schwierig.

Die Maispflanzen sind bereits höher als ich und überragen selbst Laura. Als ich zwei Stängel auseinanderbiege und den Gang hinuntergehe, habe ich schon nach wenigen Schritten das Gefühl, jetzt auch die Feldassistentin verloren zu haben.

Mittendrin in den grünen Pflanzen ist es merkwürdig still. Ich rufe nach Laura, Nils und Paul, doch keiner von ihnen antwortet. Bald kann ich nicht mehr einschätzen, wie tief ich bereits in dem Maisfeld bin und verliere die Orientierung. Selbst wenn ich hochspringe, kann ich nicht über die Pflanzen hinweggucken. Ich komme mir vor wie in einem endlosen Meer aus Mais. Ich bin durchgeschwitzt und immer wieder fallen Stechmücken über mich her. Einen Moment lang halte ich Traktorspuren auf dem Boden für eine gute Orientierungshilfe, doch sie führen nur noch weiter in das Feld hinein. Die Erde unter meinen Schuhen ist trocken und staubig. Ich rufe wieder nach Laura, biege zweimal nach rechts und setze mich auf die Erde. Auf Höhe meiner Knie ist die Sicht besser – die unteren Blätter der Maispflanzen sind schon abgefallen. Tatsächlich entdecke ich vier Reihen weiter eine Gans – es ist Paul – und nehme das Tier auf den Arm.

»Ich habe Paul!«, rufe ich. Doch Laura antwortet weiterhin nicht. Ich streiche über das Gefieder der Gans und schließe die Augen. Was kann so schwer daran sein, aus einem Maisfeld wieder herauszufinden?

Da öffnen sich plötzlich hinter mir die Pflanzen wie ein Vorhang, und Laura steht neben mir. Ich dachte, ich hätte mich verlaufen, doch in Wirklichkeit war ich kaum 50 Meter von der Wiese entfernt.

Wir setzen uns ins Gras und überlegen.

»Wo hast du denn Nils gelassen?«, frage ich Paul, der zärtlich an meinen Haaren zupft. Ich kann mir nicht vorstellen, dass Paul allein in dem Maisfeld unterwegs war.

Wir wollen uns schon auf den Weg machen, da krächzt es nicht weit von uns. Ich fasse es nicht. Keine 50 Meter neben uns spuckt das Maisfeld Nils aus. Nils, der kleine, immer zu leichte Nils, hat allein den Weg aus dem Maisfeld gefunden.

Später sehen wir an den Positionsdaten der GPS-Logger, dass Glorio zwei volle Kreise über die Landeposition von Paul und Nils geflogen ist, bevor er in Richtung Bundesstraße abbog, wo er den Stau verursachte. Glorio hat sich als ältestes Gänsekind um die beiden anderen gesorgt und wollte nach ihnen sehen.

DIE ENDLICHKEIT

Nemo stirbt.
Er liegt eines Morgens im Oktober in der Voliere und bewegt sich kaum noch. Sein Hals sieht nach oben verdreht aus und er röchelt auf eine schreckliche Weise. Es hört sich an, als würde er leise und mühevoll aus einer feuchten Wunde schnattern. Ich hebe den Körper vom Boden auf, rede beruhigend auf die Gans ein und fahre mit ihm zum Tierarzt, obwohl Nemo kaum noch reagiert. Er sieht mich nur müde aus seinen dunklen Augen an.

Ausgerechnet Nemo. Ich weiß überhaupt nicht, was mit ihm passiert sein könnte. Es sieht aus, als hätte er sich irgendetwas gebrochen, aber dafür gibt es eigentlich keinen Grund. Es gab keine Anzeichen. Am Abend vorher war alles noch in Ordnung und der Oberschenkelbruch ist bereits seit einigen Wochen sehr gut verheilt. In den letzten Tagen ist er sogar wieder mitgeflogen und hat kein bisschen gehumpelt.

Die Tierärztin legt Nemo vor sich auf einen kleinen weißen Tisch, hebt seinen Hals an und sieht ihm in den Schnabel. In dieser Umgebung wirkt die Gans wehrlos, nichts ist zu ahnen, von der Eleganz, mit der sich Nemo in der Luft bewegt. Das Gefieder bewegt sich nicht und seine Füße liegen schlaff nebeneinander. Die Tierärztin schüttelt mit dem Kopf und ich begreife. Sie kann nichts mehr für ihn tun.

»Der Kleine hat sich die Speiseröhre gebrochen«, sagt sie, »das lässt sich nicht operieren.«

»Aber wie kann das passieren?«

»Schwer zu sagen. Es kann sein, dass er gegen das Gitter geflogen oder auch unglücklich gestürzt ist.«

Ich halte mich an dem kleinen Tisch fest, muss tief durchatmen und weiß nicht, was ich der Tierärztin sagen soll. Bin ich schuld an Nemos Tod? Hätte ich ihn früher freilassen sollen, selbst wenn das Projekt noch nicht beendet ist? Wieso sollte er plötzlich anfangen, gegen das Gitter zu fliegen? War Nemo vielleicht unglücklich bei mir? In der Natur ist es ganz normal, dass mindestens eine Gans im Verlauf des Aufwachsens stirbt, aber das macht es nicht einfacher.

Ich verabschiede mich von dem kleinen, leblosen Körper, indem ich eine Hand vorsichtig unter das Gefieder schiebe. Innen ist Nemo noch immer warm. »Mach's gut, alter Haudegen«, flüstere ich und streiche ihm ein letztes Mal über den Kopf.

7 Dinge, die wir beim Gänsebraten verdrängen
Die Lebenslust der Gänse
Das wunderschöne Gefieder
Dass Gänse am Kopf zauselig aussehen können
wie kleine Katzen
Jede Gans bedeutet anderen Gänsen etwas

Die kleine Gänsepersönlichkeit
Die herzzerreißenden Laute, die Gänse machen können
Wie viel Gänseschiss in dem Bauch war,
den wir mit Pflaumen füllen

Da es mit dem Fliegen in letzter Zeit so schlecht klappt, bereite ich mich darauf vor, die Tiere bald in die Freiheit zu entlassen. Ich kann den Flug nicht übers Knie brechen und sie haben zunehmend den Drang, sich von mir zu lösen. Der lange Flug mit den Gänsen hoch am Himmel wird für mich dann zwar immer ein Traum bleiben, doch wenn die Gänse nicht wollen, dann wollen sie eben nicht.

Ich versuche, die Tiere so gut wie möglich auf ihr späteres Leben in der Wildnis vorzubereiten. Vor allem sollen sie wissen, wie sie auch ohne mich, außerhalb des Vier-Federn-Hotels, an Futter kommen. So spaziere ich mit ihnen mehrmals in einen nahe gelegenen abgemähten Maisacker. Es liegen noch einige ungeerntete Maiskolben auf dem Acker herum.

Obwohl die Gänse Maiskörner mögen, können sie mit den in Blättern verpackten Maiskolben zuerst nichts anfangen. Deshalb setze ich mich vor sie hin und zeige ihnen mehrmals, was in den Blättern verborgen ist. Schon am nächsten Tag haben die Gänse verstanden, dass sie die Maiskolben mit der Kraft ihrer Schnäbel schälen und die Körner herauspicken können.

Ich habe Nemos Tod noch nicht richtig verkraftet, da erwartet mich bereits die nächste Hiobsbotschaft. Heinrich, unser Hausmeister, kommt auf mich zugerannt, als ich an einem Nachmittag vor dem Institut stehe.

»Der Hund«, ruft er atemlos, »Micha, der Hund!«

»Welcher Hund?«

»Der eine Hund, der hier so oft am Feldweg entlangläuft! Du hast den bestimmt schon öfter gesehen. Der hat mal wieder die Gänse angebellt!«

»Jürgen?«

»Wieso Jürgen? Welcher Jürgen? Nein, ich meine den Hund. Er ist frei vor den Volieren herumgelaufen und hat die Gänse aufgescheucht.«

»Ja«, erkläre ich, »der Hund heißt Jürgen.«

Da ich immer noch nicht so richtig verstehe, was eigentlich passiert ist, gehe ich mit Heinrich runter zu den Volieren. Dort begreife ich sofort. Jürgen ist mit seinem Frauchen bereits über alle Berge, aber er muss Glorio so verängstigt haben, dass er unter dem Netz der Voliere durchgebrochen und weggeflogen ist.

»Ich habe nur noch gesehen, wie er in Richtung der Tümpel davongeflogen ist«, gibt mir Heinrich zu verstehen, und ich mache mich sofort auf den Weg zum Flugplatz.

Ich lasse den Atos auf die Startbahn rollen und fliege ohne Umwege zu den drei kleinen Tümpeln, nicht weit vom Institut. Tatsächlich glaube ich, auf einem Feldweg am gegenüberliegenden Waldrand Jürgen mit seinem Frauchen zu erkennen. Aus der Ferne sieht der winzige Hund harmlos und süß aus. Ich kreise in geringer Höhe über den Tümpeln.

An einer Stelle am Ufer sitzen ungefähr ein Dutzend Graugänse. Ich fliege mehrere Runden über die Gänse, kann aber nicht entscheiden, ob Glorio unter ihnen ist, dazu bin ich trotz allem zu weit weg und zu schnell.

Doch auch in den umliegenden Wiesen und Waldrändern finde ich keine Gans. Auf dem Rückweg überfliege ich abermals die drei Tümpel und beobachte, wie die kleine Schar Graugänse aufsteigt und Richtung Bodensee davonfliegt.

Ich hupe und rufe in der Luft: »Glorio! Bist du das? Glorio! Es tut mir leid wegen Jürgen!«

Es gelingt mir sogar, die fliegenden Graugänse mit meinem Ultraleichtflugzeug einzuholen.

»Glorio!«, rufe ich. »Glorio!«

Als ich nur noch 20 Meter von ihnen entfernt bin, löst sich wie von Geisterhand eine Gans aus dem Verband und fliegt zu mir herüber. Es ist Glorio. Er bleibt etwa zehn Sekunden in meiner Nähe, sieht einmal zu mir herüber und schließt sich dann wieder den wilden Graugänsen an.

»Leb wohl Glorio! Genieß deine Freiheit!«, rufe ich so laut ich kann.

Ich sehe ihm nach, hupe noch ein paar Mal zum Abschied und drehe dann in einem scharfen Winkel ab.

DER PASSAGIER

Energie aus dem Nichts zu erschaffen – das wäre ein Wunder. Aber manchmal erreicht man mit Faulheit mehr als mit wochenlangen Anstrengungen.

Es ist bereits Mitte Oktober und der Sommer ist eigentlich schon vorüber. Bald ist es endgültig zu kalt zum Fliegen und dann wäre unser Projekt wohl gescheitert. Dazu macht uns jetzt auch noch zunehmender morgendlicher Nebel zu schaffen, der im Bodenseebecken gar nicht selten ist. Die Nebelperioden sind der Preis, den man hier für das ansonsten überdurchschnittlich gute Wetter bezahlt. Doch für ein Fliegerherz ist Nebel wirklich das Allerletzte, denn aus dieser Suppe gibt es kein Entkommen. Oft müssen wir erst lange warten, bis die Sicht für einen Flug ausreichend ist. Oft liegt der Nebel aber auch so dicht auf dem Boden auf, dass nicht einmal kurze Platzrunden in geringer Höhe möglich sind. Besonders ärgerlich ist für mich dann die Vorstellung, dass über dem Nebel strahlender Sonnenschein und beste Flugbedingungen herrschen. Doch wir kommen einfach nicht durch.

Ich bin mal wieder auf dem Flugplatz, sitze im Ultraleichtflugzeug und weiß nicht weiter. Die Luft ist heute so feucht, dass der Atos am Morgen klamm und von einer feinen Wasserschicht überzogen war. Diese Feuchtigkeit auf der Anströmkante kann das Flügelprofil empfindlich stören – der Effekt ist so deutlich, dass es sich als Pilot anfühlt, als würde ein Flügel überhaupt nicht richtig tragen. Ich habe einen alten Drachenfliegertrick angewandt und die Anströmkante mit einem spülmittelgetränkten Lappen benetzt. Dadurch wird die Oberflächenspannung des Wassers zerstört, und es können sich keine Tropfen mehr bilden.

Seit Wochen ist es jeden Morgen dasselbe zermürbende Spiel. Wir haben zwei kurze Platzrunden geschafft, aber höher in die Luft wollten die Gänse nicht, sondern haben sich stattdessen Richtung Wiese nach unten verabschiedet.

Wieso sollen wir bitte schön in die Luft, wenn es hier unten sowieso das beste Gras gibt?

Pass auf, gleich erzählt der uns, dass noch besseres zwischen den Wolken wächst.

Ich hör' dem eh nicht mehr zu.

Die Gänse haben inzwischen einfach verstanden, dass die Flüge lediglich meinen Messungen dienen, für sie selbst aber nichts bringen.

Um diesem Gewöhnungseffekt zu entgehen, hätte ich jedes Mal von einem anderen Flugplatz losfliegen und auf einem wieder anderen landen müssen – dann würden die Gänse vielleicht noch daran glauben, dass es notwendig ist, sich ein Stück zu bewegen, um mit einer saftigen, frischen Graswiese belohnt zu werden. Logistisch wäre das jedoch nicht möglich gewesen. Leider darf man in Deutschland, außer in Notfällen, nicht einfach mit einem Ultraleichtflugzeug auf einer beliebigen Wiese landen, und bis zum nächsten Flugplatz wären es zehn Kilometer – für die Gänse ist das in ihrem derzeitigen Trainingszustand etwas zu weit. Normalerweise fliegen Gänse eine solche Distanz zwar mit einer Bürzelbacke, nicht jedoch meine *All-inclusive*-Cluburlaubsgänse.

So starten wir immer am selben Flugplatz und landen dort auch wieder. Den Gänsen kommen diese Runden wahrscheinlich längst vor, wie ein sinnloses Treten auf der Stelle. Auch meine Idee, die Tiere mit Futter zu motivieren und sie über Nacht in der Voliere hungern zu lassen, um sie erst nach dem Flug direkt auf dem Flugplatz zu füttern, hat nicht zum Erfolg geführt.

Die Gänse grasen vor dem Hangar. Nur Paul steht noch treu oder ratlos neben dem Flugzeug. Eigentlich sollte ich für heute die Zelte abbrechen.

Ich habe ohnehin gerade keine Lust, aus dem Cockpit auszusteigen und den Atos zu verzurren. Ich überlege, ob ich es mit ihm allein versuchen soll. Paul hat mir schließlich schon immer am meisten vertraut. Vielleicht wäre er als Einziger dazu bereit, auch ohne die anderen Gänse hinter dem Atos herzufliegen. Besonders wahrscheinlich ist das zwar nicht, aber einen besseren Plan habe ich auch nicht mehr. Hauptsache, wir müssen nicht immer wieder dieselben, demoralisierenden Flugversuche machen.

Jetzt müsste ich den Atos in die Startposition rollen und dann hoffen, dass Paul hinter mir herwatschelt, damit er neben dem Flügel starten kann. Doch das kommt mir mühsam und viel zu anstrengend vor, also nehme ich Paul einfach auf meinen Schoß ins Cockpit und rolle mit ihm zusammen zur Startposition.

Sofort fängt er an, zärtlich mit seinem Schnabel an meiner Nase zu knabbern. Bei Frieder könnte ich lange auf derartige Bezeugungen der Zuneigung warten.

»Ach Paul«, flüstere ich ihm traurig ins Ohr, »ich bin echt mit meinen Ideen am Ende. Ihr Gänse wollt einfach nicht und ich kann euch nicht zwingen. Was meinst du? Magst wenigstens du mal eine ordentliche Runde mit mir fliegen?«

Ich steuere und gebe mit der rechten Hand Gas, Paul halte ich währenddessen mit der linken auf meinem Schoß fest. Wir rollen gemächlich zum Startbahnkopf der Piste 01.

Calimero, guck mal da hinten, was der Typ und der Schleimer dort machen!

Die können von mir aus die Welt umrunden.

Ich muss Paul eigentlich gar nicht festhalten, so locker und gelassen bleibt er auf meinem Schoß sitzen. Er macht überhaupt keine Anstalten, aus meinem Griff auszubrechen und sieht auch nicht ängstlich aus.

Plötzlich keimt eine Idee in mir auf. Einhändig starten ist zwar nicht gerade das, was man unter einem Sicherheitsstart versteht, aber was soll's. Vollgas!

Das Flugzeug macht einen Satz nach vorn, wir rumpeln über die Wiese und nach wenigen Metern sind wir auch schon in der Luft. Wir drei – der Atos, Micha und Paul.

Paul zuckt nicht zusammen und flattert auch nicht unruhig hin und her. Er sieht sich bloß neugierig um – es scheint ihm im Cockpit richtig gut zu gefallen.

Ich kann ihn sogar loslassen, sodass er völlig frei auf meinem Schoß sitzt. In aller Ruhe knabbert er an meinem Bart oder dem geknoteten Seil, das zu den Wölbklappen führt. Oder er hält einfach seinen stromlinienförmigen Kopf in den Fahrtwind. Wir steigen höher und höher, bis sich plötzlich das ganze Panorama der Alpen und des Bodensees eröffnet.

7 Gründe, warum Fliegen süchtig macht
Die irreale Stille beim Abheben
Das Adrenalin
Aus Fahren wird plötzlich Schweben
Das kleine, niedliche Bodenseebecken
Die winzigen Spielzeugautos und Spielzeugzüge
Von nirgendwo sehen die Mohnfelder schöner aus
Das Gefühl: Was macht ihr unten euch eigentlich so viel Stress?

Wir erreichen eine Höhe von 1400 Meter über dem Meeresspiegel. Meine Idee besteht darin, die Gans einfach aus dem Flieger zu schmeißen.

Mit 65 km/h bin ich in einem optimalen Geschwindigkeitsbereich für eine Gans und mit dem Fahrtwind wird Paul problemlos zurechtkommen. Kann ein Fisch ertrinken, wenn man ihn ins Wasser wirft? Paul muss nur seine Flügel aufspannen und losfliegen.

Ich gehe langsam vom Gas, der Propeller klappt nach hinten weg, und es wird ganz still. Hier oben ist nur noch das Geräusch des Fahrtwindes zu hören. Ich lasse Paul los. Er sitzt wie ein kleiner Passagier auf meinem Schoß und blickt in den Himmel. Meine Arme baumeln seitlich neben dem Pilotensitz ins Leere.

Ich fühle mich ziemlich entrückt und abgehoben von dem, was dort unten, in diesem seltsamen Leben der winzigen Menschen vor sich geht. So merkwürdig es klingt: In dieser Höhe, mitten im Nichts, fühle ich mich geerdet. Näher bei mir selbst.

Soll ich die Gans jetzt wirklich in über 1 000 Meter gähnende Leere fallen lassen?

»Wollen wir zusammen fliegen?«, frage ich die Graugans und sehe ihr fest in die dunklen Augen. Der Atos gleitet wie auf Schienen vor sich hin.

Plötzlich steht Paul auf, schaut kurz über den Rand des Sitzes nach unten und springt von allein in die Luft. Er fällt nicht mal einen Meter nach unten, bevor er seine Schwingen aufspannt und sofort mit kräftigen Flügelschlägen neben mir fliegt. Er ist so nahe, dass ich ihm im Flug über die Schwanzfedern streicheln kann.

Zum ersten Mal habe ich Zeit, mir in aller Ruhe die Flugbewegungen einer Graugans anzusehen. Eine perfekte Symbiose aus Federn, Aerodynamik und Luftmolekülen.

Jetzt kann ich auch endlich überprüfen, wie das Messgerät auf dem Rücken der Gans positioniert ist, und ob das kleine Pitotröhrchen, mit dem wir die Geschwindigkeit zur umgebenden Luftmasse messen, gut in der anströmenden Luft steht. Die bisherigen Flüge waren nervenaufreibend.

Dieser Flug hingegen ist wie ein Spaziergang in großer Höhe. Eine bunte, herbstliche Landschaft zieht unter uns vorüber und die tief stehende Sonne taucht alles in ein warmes, goldenes Licht. Ich würde am liebsten ewig so weiterschweben.

Pauls Hals ist weit vorgestreckt und liegt doch ruhig in der Luft, während er kräftig und elegant mit den Flügeln schlägt. Seine dunklen Augen versprühen pure Zufriedenheit.

Allerdings beträgt die Temperatur in dieser Höhe im Oktober nur noch etwa fünf Grad Celsius. So herrlich der Flug ist – meine Hände werden langsam taub, und ich kann meine Finger kaum noch spüren. Der Fahrtwind, der mir mit ungefähr 70 Sachen ins Gesicht und auf meine etwas zu dünnen Fliegerhandschuhe bläst, trägt nicht unwesentlich dazu bei, dass es mir langsam wirklich saukalt wird.

Paul ist in seiner Daunenjacke viel besser geschützt. Ihn scheint der Wind gar nicht zu stören. Ich meine sogar, etwas Argwohn in seinem Blick zu entdecken, als ich die Störklappen ziehe und mit einem schnellen Abstieg zum Flugplatz beginne.

Neben der Gans wirkt das Ultraleichtflugzeug fast schon plump. Ich kann aus nächster Nähe beobachten, mit welcher Selbstverständlichkeit Paul seine Flügelgeometrie verändert, um an Höhe zu verlieren und gleichzeitig stabil zu bleiben. Er formt mit seinen Flügeln ein auf dem Kopf stehendes U, streckt gleichzeitig seine gespreizten Flossen nach vorn und sinkt auf diese Weise ebenso schnell nach unten wie ich. Ich kann auch wieder das schon bekannte Manöver bewundern: Paul dreht sich im Flug blitzschnell auf den Rücken. Für einige Sekunden stürzt er dann geradezu nach unten.

Fast gleichzeitig landen wir neben dem VW-Bus. Ich bin überglücklich. Ab jetzt können wir die Messungen in beliebiger Höhe vornehmen. Wer hätte gedacht, dass meine Faulheit dem Projekt solche fantastischen Möglichkeiten eröffnet!

Vor lauter Begeisterung habe ich ganz die restlichen Gänse im Gras am Hangar vergessen. Schon von Weitem erkenne ich, dass es zu wenig sind.

Maddin und Frieder fehlen. Schon wieder, könnte man sagen. Und wieder suche ich mehrere Stunden hupend und rufend nach den beiden Gänsen. Doch ohne zu wissen, warum, spüre ich deutlich, dass die beiden dieses Mal nicht so leicht wieder auftauchen werden. Frieder und Maddin sind ausgewachsene Gänse, und ich hoffe, dass sie es in der freien Natur auch ohne mich schaffen.

Ohnehin ist es nach meinem Erfolg mit Paul als Passagier nicht mehr so wichtig, Maddin und Frieder wiederzufinden. Ich fahre, wie immer, noch eine Zeit lang mit dem VW-Bus in der Nähe herum, hupe nach den beiden und rufe, doch sie tauchen nicht auf. Mein Gefühl sagt mir, dass der Abschied dieses Mal endgültig sein wird, und ich bin froh, dass Frieder nicht allein ist, sondern seinen alten Freund Maddin dabei hat.

Als ich abends vor dem Laptop sitze und den Datenlogger angeschlossen habe, bestätigen sich meine Hoffnungen: Das Auslesen des Messgeräts ergibt einen riesigen Datensatz an Beschleunigungs-, Positions-, Barometer-, Kompass- und Geschwindigkeitsdaten. Das sind genau die Daten, um die es von Anfang an ging – die sogenannten Rohdaten eines Gänseflugs.

Daten auf einem Logger zu sammeln, das hört sich als Forschungsziel vielleicht langweilig an, aber das ist es nicht. Es sind Daten, die bisher einfach nicht existieren. Informationen *von innen* und gleichzeitig hoch aus der Luft zu erfassen – das war stets nur ein Traum. Bis jetzt.

Nun, da wir wissen, dass dies offensichtlich möglich ist, können wir die Gänse wie lebendige Messbojen in der Luft nutzen. Auf diese Weise lassen sich bestimmte Luftschichten oder Turbulenzzonen ganz gezielt anfliegen und mit der Hilfe von Vögeln untersuchen. Niemand weiß beispielsweise bisher, wie eine Gans flugmechanisch durch Veränderung der Flügelgeometrie auf starke Turbulenzen reagiert, und ob sie die Aufwinde beim Geradeausflug gezielt nutzt oder ihnen eher ausweicht.

Wichtig ist natürlich, dass diese Daten nicht nur von Paul, sondern möglichst durch alle Gänse erfasst werden, da sie zum Teil leicht unterschiedliche Flugbewegungen machen. Außerdem wäre es gut, nicht nur eine allein fliegende Gans, sondern auch in der Formation fliegende Gänse mit unseren Datenloggern zu vermessen.

Einige Tage später kommt mir eine Idee, wie ich auf ähnliche Weise auch die beiden anderen verbliebenen Gänse in die Luft bekomme: Mit einem motorisierten Gleitschirm und zwei Körben, die ich rechts und links an der Pilotengondel montiere. Nach den vielen Wochen der

Stagnation, in welchen ich die Gänse kaum höher als 30 Meter in die Luft bekommen habe, geht jetzt plötzlich alles sehr schnell. Ich bespreche mich mit der Filmgesellschaft, die den ZDF-Film noch immer nicht abgeschlossen hat – zu schwierig waren die Dreharbeiten in dieser geringen Höhe – und treffe schließlich auf Max, einen spindeldürren und völlig tiefenentspannten Gleitschirmpiloten, der bereit ist, mir bei den Dreharbeiten und Messungen zu helfen.

Als würden sie nur mit dem Fahrrad um die Ecke zum Einkaufen kutschiert werden, setzen wir Calimero und Nils in zwei Gitterkörbe aus Plastik, rechts und links am Cockpit des Gleitschirms.

Die Beförderung in den luftigen Kisten ist für die Gänse zwar eigentlich eine Herausforderung, doch schon beim zweiten Test sitzen sie ruhig und gelassen da und lassen sich von Max durch die Luft kutschieren.

Paul kommt wieder auf meinen Schoß in das Ultraleichtflugzeug und so entwickeln wir nach zwei Wochen Training folgende Methode: Auf der gewünschten Flughöhe platziert sich Max mit seinem Gleitschirmtrike etwa 50 Meter über mir im Flugzeug. Dann lasse ich Paul frei.

Erstaunlicherweise suchen die restlichen Gänse sofort Anschluss an mich und Paul, fliegen aus ihren Körben zu uns hinunter und reihen sich in die kleine Formation ein.

Wir schaffen die Filmaufnahmen am letzten sonnigen Tag, bevor der Winter wirklich beginnt. So fliegen wir – Calimero, Nils, Paul und ich – mit einem Motorschirm und einem Helikopter im Schlepptau bei guter Sicht und gigantischem Panorama über den Überlinger See. Der

Hubschrauber umkreist uns in weitem Abstand, doch ich nehme gar keine Notiz von ihm. Zu sehr lasse ich mich von dem Erlebnis des gemeinsamen Fliegens in dieser Höhe absorbieren.

Wie ein Schwamm sauge ich die bunten Farben der Bäume, den Geruch der Landschaft und das Gefühl der Zugehörigkeit zu den Gänsen in mir auf. Ich weiß, dass unsere gemeinsamen Tage gezählt sind und wir wahrscheinlich nicht mehr viele Flüge dieser Art erleben werden.

Leider bestätigen sich meine Befürchtungen schon kurz nach der Landung.

Während die Gänse sich in der Fangvoliere mit Körnerfutter stärken, erklingt hinter uns plötzlich viel zu laut das Rotorschlagen des Hubschraubers. Der Nebel ist wieder dichter geworden. Die Sicht ist sehr schlecht. Wie soll er jetzt landen? Der Pilot fliegt auf Sicht, das heißt, er nimmt die Gebäude als Peilung. Er hält genau auf mich zu und würde auch perfekt ankommen – wäre da nicht die Fangvoliere auf direkter Linie zwischen uns. Das Geräusch des Motors verwandelt sich in ohrenbetäubenden Lärm, und ich winke und fuchtele, aber es ist zu spät. Der Abwind des Rotors bläst die Gänse regelrecht aus der Voliere heraus, und ich sehe nur noch, wie sie in alle Himmelsrichtungen davonfliegen.

»Seid ihr wahnsinnig?«, brülle ich und renne Max entgegen, der das Drama verfolgt hat. Max stürzt los, zum Ende des Rollfelds, und verschwindet im Nebel. Ich weiß nicht, in welche Richtung ich laufen soll und bleibe stehen.

Nach ein paar Minuten höre ich eine Stimme, es ist Max: »Dort vorne unter dem alten Kuhstall sind zwei Gänse!«, ruft er etwas erleichtert, doch ich kann mich noch immer nicht recht beruhigen.

»Verdammte Scheiße«, brülle ich in den Nebel hinein.

In dem Moment sehe ich eine Gans durch den milchig grauen Himmel fliegen. Ihre Flügel schlagen scheinbar langsam und mühelos. Es ist Paul. Ich rufe und rufe, aber Paul dreht sich nicht nach mir um, und in kürzester Zeit ist er im Nebel verschwunden.

Unter dem Vordach des alten Kuhstalls sitzen Nils und Calimero, meine beiden letzten Gänse.

Wieder suchen wir einige Stunden nach Paul, doch ohne Erfolg. Ich mache mir Vorwürfe, dass er abgehauen ist, weil ich unbedingt mit dem Hubschrauber drehen wollte.

Trotzdem fliege ich mit Nils auf meinem Schoß noch einmal in die Höhe, um die Dreharbeiten zu vollenden, und lasse ihn in der Luft aus dem Flugzeug. Er ist so nah neben dem Cockpit, dass ich seine dunkle Pupille betrachten kann. Er fliegt genauso schwerelos und vergnügt wie Paul. Gemeinsam mit ihm gelingt es uns, die letzten Messdaten zu sammeln und die Dreharbeiten abzuschließen.

So war es am Ende doch Nils Holgersson, der mit mir in die Lüfte ausgezogen ist.

ZURÜCK IN DER ZIVILISATION

Ich hatte mir den Abschied von den Gänsen eigentlich sehr romantisch vorgestellt. Ich sah mich, wie ich die Gänse nach dem erfolgreichen Abschluss des Projekts in einem feierlichen Akt, irgendwo an einem idyllischen Platz am See, in die wohlverdiente Freiheit entlasse. Ich sah sogar, in etwas schwächeren Momenten, wie die Gänse sich noch einmal im Flug nach mir umsahen und sich mit einem Augenzwinkern für meine Fürsorge bedankten.

Doch so sehr ich es mir manchmal gewünscht habe – meine Gänse sind eben keine animierten Comicfiguren, sondern wilde Tiere. Sie haben ihren eigenen Kopf, und seit sie fliegen können, kann ich ihnen nichts mehr vorschreiben.

Überhaupt war die Idee, dass ich den Tieren das Fliegen erst beibringen müsste, ziemlich naiv. Zwar haben die Gänse durchaus einige Dinge von mir gelernt – aber vieles konnten sie von selbst. Ich hätte auch nicht gedacht, dass umgekehrt *ich* etwas von den Gänsen lernen würde.

Die Natur hat mich eines Besseren belehrt – in ihr ist nichts planbar und alles in einem dynamischen Flug. Sie ist knallhart und wunderbar zugleich.

Natürlich kamen die Rückschläge nicht nur durch die Natur. Wir haben die Gänse auch durch unsere Flugaktionen und unser Projekt in Gefahr gebracht. Vielleicht wäre Nemo in freier Wildbahn nicht gestorben, doch Natur und Idylle sind nicht das Gleiche. Bei einer Gänsemutter, die vier Eier ausbrütet, überlebt manchmal kein einziges Gänseküken, zu zahlreich sind die Gefahren und Feinde, denen Gänse in den ersten Monaten begegnen können. Insofern war die Überlebensquote bei mir sogar etwas besser, als bei einer richtigen Gänsemutter. Ich wusste dies alles vorher, doch ich habe es nicht verstanden.

Für einen menschlichen Gänsevater ist es schwer zu akzeptieren, dass ein Teil der Gänse, die man per Hand, mühevoll und mit so viel Zuneigung aufgezogen hat, es nicht bis ins Erwachsenenalter schafft. Wir Menschen sind daran nicht gewöhnt – für die Gänse hingegen ist dies normal.

Bevor ich den Wohnwagen abgebe und mein Gänseabenteuer endgültig beende, kommen meine Menschenkinder Amélie und Ronin noch einmal zu Besuch. Sie haben mich und die Gänse oft im Wohnwagen besucht und großen Anteil an meinen Tierkindern genommen.

Zusammen mit Nils und Calimero – den beiden letzten verbliebenen Gänsen – unternehmen wir einen Ausflug zum nahe gelegenen Ackerteich. Auf der großen Wiese daneben gibt es Schokoriegel für die Kinder und Körner für die beiden Gänse.

Wir liegen auf einer großen Picknickdecke unter den Birnbäumen und blicken in den Himmel. Eine einzelne Zirruswolke scheint in der Mitte stehen geblieben zu sein, so langsam bewegt sie sich. Wir lauschen dem Geräusch der zupfenden Schnäbel an den Grashalmen. Ich denke an die vielen Momente mit den Gänsen, wie sie neben mir schlafträllerten, wie sich oft meine Stimmung in ihnen spiegelte, wie Nemo, der Anführer, auf dem Königsthron, meinem Bauch, lag und wie das kleine Küken Paul unter meinen Pulli schlüpfte. Wie schön und einfach das alles war. Es riecht nach Heu, Obst und Gänsekacke, und mit einem Mal spüre ich, wie mir vor lauter Glück die Tränen kommen.

Wieso ist es so schwer, die Dinge einfach zu akzeptieren, wie sie sind? Und wieso ist es für die Gänse nicht schwer? Wieso bin ich gegen Tatsachen angerannt, die ich einfach nicht ändern konnte? Ich setze mich auf, blicke Calimero an und weiß: Es war nicht geplant, aber die Gänse haben in den letzten Monaten etwas in mir gelöst oder etwas in mir geöffnet. Vielleicht könnte man sogar sagen: Die Gänse haben mich therapiert. Sieben kleine Graugansküken haben mich nach Jahren der Orientierungslosigkeit wieder zu mir selbst gebracht und mir gezeigt, worauf es im Leben wirklich ankommt. Auf die Liebe zu anderen und auf die Liebe zum Leben selbst.

Mit den Gänsen konnte ich viele Monate lang einfach nur *sein*. Ohne Erwartungen oder Bewertungen. Dadurch ist in mir eine emotionale Freiheit entstanden, von der ich vorher nichts wusste. Ich habe einen Kloß im Hals, aber da watschelt Calimero auf mich zu, reibt seinen Kopf an meiner Schulter, knabbert zärtlich an meinen Haaren und kackt nur ein paar Millimeter neben die Decke.

»Nimmsch du sellä Gäns etzet mit zu dir nach Haus? Sitzet die dann bei dir aufm Sofa?«, fragt der Vermieter des Wohnwagens, als ich ihm den Schlüssel aushändige.

»Nein, nein«, erkläre ich, »sie sind ja schon groß und kommen allein zurecht. Es sind sowieso nur noch zwei Gänse hier. Und unser Experiment ist jetzt beendet.«
»Und? Häts dir Spaß gemacht, mit dänä Gäns?«
»Ja, natürlich. Aber darum allein ging es gar nicht.«
»Worum isches denn dann gange?«
»Das ist schwierig zu erklären.«
»Wa ischt etzt a Gäns schwierig?«
»Sie müssten das auch mal probieren! Mit Gänsen leben. Ehrlich! Das sollte jeder mal machen!«

Der Vermieter blickt mich ein wenig verwundert an, schüttelt den Kopf und steigt dann in seinen metallicblauen Jeep, mit dem er den Wohnwagen von der Wiese zieht. Ich stehe mit Calimero und Nils im Gras und winke.

Du, Calimero, was passiert jetzt mit unserm Haus?

Siehst du doch. Vielleicht hätten wir auf Frieder hören sollen. Der hat uns ja immer gesagt, dass der Typ nicht ganz sauber ist.

Nach wenigen Minuten ist vom Wohnwagen nur noch ein braunes grasloses Viereck auf der Wiese übrig. Der Trampelpfad, den die Maus Fridolin angelegt hatte, ist jetzt besonders gut zu erkennen. Ich klappe die Bierbank und den Bierbanktisch zusammen. Das Nest von Ilse und Horst ist bereits seit einiger Zeit leer. Auch der Kuckuck ist verschwunden.

Meine Nächte im Duckingham Palace sind gezählt, und ich muss Abschied von dem spartanischen Leben, den Bierbänken und der Terrasse nehmen. Gleichzeitig bedeutet dies, dass ich endlich wieder nach Hause kann. Ich kann mich wieder frei bewegen, ohne auf Schritt und Tritt von Gänsen verfolgt zu werden.

In der Voliere sind jetzt nur noch Nils und Calimero. Die restlichen Gänse haben sich in die Wildnis verabschiedet, und ich bin mir nicht sicher, ob es alle Gänse dort schaffen werden. Bei Nils und Calimero will ich deshalb alles richtig machen. Mit nach Hause nehmen kann ich die beiden leider nicht, Gänse eignen sich einfach nicht als Haustiere. Man bekommt sie nicht stubenrein – das ist nun mal so.

Im Winter kann ich die beiden Tiere allerdings nicht mehr aussetzen – zu schwierig wäre für sie die Futtersuche unter widrigen Bedingungen. Jemand, der sein ganzes bisheriges Leben in einem Vier-Federn-Hotel verbracht hat, kann nicht plötzlich im Winter auf der Straße überleben. Deshalb bleiben Calimero und Nils noch eine Zeit lang in der Voliere, und ich besuche die beiden so oft ich kann. Dann bringe ich sie in einem Wildpark in der Nähe unter.

Dort leben sie zwar nicht hundertprozentig selbstständig, sondern bleiben weiterhin teilweise von der Fütterung abhängig, doch ihr Wohlergehen ist auf jeden Fall sichergestellt. Wenn sie wollen, können sie jederzeit wegfliegen, wenn nicht, finden sie dort die ihnen vertraute Nähe zu den Menschen. Für Familien ist der Park ein beliebtes Ziel, und Kinder können Nils und Calimero inmitten einer kleinen Gänseschar, neben Ziegen und Schafen, bewundern.

An einem schönen, sonnigen Frühjahrstag Anfang März ist es endlich so weit. Auf der großen Wiese am Weiher im Wildpark öffne ich den Transportkäfig und lasse die letzten beiden Gänse in die Freiheit. Calimero und Nils watscheln zögernd heraus und sehen sich um.

Ich bleibe noch eine Weile neben ihnen sitzen. Es dauert nicht lange, dann ist es Calimero, der furchtlos auf die fremden Gänse zumarschiert und neugierig beäugt wird. Der kleine Nils folgt ihm watschelnd und die beiden blicken nicht mehr zurück.

Ich sehe ihnen nach und denke daran, dass Nils und Calimero bald selbst eine Familie gründen werden. Hoffentlich bringen sie ihren Kindern dann alles bei, was man als Gans wissen muss – dass man wegen eines möglichen Fuchsangriffs nachts lieber in der Mitte des Sees schläft, dass man auf einem Maisacker köstliches Futter findet und dass der Typ da oben in seinem seltsamen Fluggerät gar nicht so übel ist.

Meine erste, völlig ungewohnte Handlung in der Zivilisation ist: einkaufen. Ich brauche Essensvorräte für meine Wohnung.

Ich halte vor einem Discounter und denke: Wie unpraktisch eigentlich, dass die Menschen immer erst in einen Laden gehen müssen. Dort suchen sie mühsam etwas aus, packen das Zeug in den Einkaufswagen, dann in den Kofferraum, schleppen es mit den eigenen Händen ins Haus und müssen schließlich auch noch überlegen, was sie aus dem Gekauften kochen sollen.

Meine Empfehlung als Gänsevater lautet deshalb: Leute, lauft einfach vors Haus auf die Wiese und beißt ins Gras! Ähm, oder: Lasst euch das Gras schmecken! Es ist saftig und köstlich!

Dann fällt mir ein, dass ich ja gar keine Gans mehr bin. Und selbst im Wohnwagen habe ich kein Gras gegessen, sondern mich auf die Unterstützung des Hausmeisters Heinrich und meiner Freunde verlassen, die mich mit Essen versorgt haben.

Jetzt aber bin ich wieder ein normaler Mensch und muss also einkaufen. Ich brauche Lebensmittel. Daran führt kein Weg vorbei.

Ich lege einen Euro in die kleine Plastikschublade und mache einen Einkaufswagen los. Der Wagen hat einen starken Rechtsdrall, aber das stört mich nicht. Ich trete durch die automatischen Türen, rieche die Klimaanlagenluft und schon macht sich Beklemmung in mir breit. So viel Hektik und so viel Stress! So viele Waren! Die Leute kaufen, als gäbe es kein Morgen, und vor ein paar Monaten habe ich es wahrscheinlich nicht anders gemacht. Ich hätte mir nie vorstellen können, dass ich all das kaum vermissen würde. Die Leute kaufen Eier, Hühner- und Entenfleisch, ohne zu begreifen, welches Leben und welche Vielfalt darin steckt! Ohne sich zu fragen, ob sie gerade ein störrisches, verschmustes oder besonders wasservernarrtes Tier auf dem Teller haben.

Ich schiebe meinen Einkaufswagen durch den Laden und fühle mich, als würde ich durch eine Lagerhalle voller Zombies wandeln. Da sind die leeren gestressten Blicke. Da ist die latente Aggressivität, wenn man nur einmal zufällig mit dem Einkaufswagen im Weg stehen bleibt und zurückschaut. Da ist der Fernseher, aus dem eine euphorische Stimme irgendwelche, wahrscheinlich unnützen Produkte anpreist.

Die Leute schmeißen das Gemüse in den Wagen, ohne zu begreifen, welche Welt hinter diesen Gewächsen steht – wie viel Mühe es kostet, auch nur einen schön gewachsenen Blumenkohl aufzuziehen. Okay – es kann sein, dass ich ein wenig übertreibe, aber ich bekomme schon im Mittelgang das dringende Bedürfnis, diesem Discounter möglichst schnell zu entfliehen. Aber selbst das ist mit Stress verbunden, denn die automatische Tür öffnet nur in die andere Richtung und an der Kasse komme ich mit dem Wagen nicht so einfach vorbei.

Zugegeben, ich habe mich früher schon, nach dem obligatorischen Samstagshopping mit meiner Freundin – ein Marathon aus Taschentragen und Modeberatung –, so gefühlt, als hätten wir weniger etwas bekommen, als vielmehr etwas verloren, nämlich Nerven und Lebensenergie.

Ich lege ein paar notwendige Artikel in meinen Einkaufswagen und beobachte eine ältere, gebrechliche Dame. Sie hält mit einer Hand ihren Wagen fest und streckt die andere Hand nach einem Marmeladenglas aus, das auf einem der oberen Regale steht.

Sie reckt ihren gebückten Körper voller Anstrengung, kommt aber nicht an die Marmelade heran. Sie ärgert sich eine Weile, probiert es noch mal und gibt dann auf. Schließlich nimmt sie notgedrungen mit einem teureren, aber problemlos zu erreichenden Produkt auf Augenhöhe Vorlieb.

»Entschuldigen Sie, wollten Sie vielleicht dieses Glas?«, frage ich freundlich und strecke meine Hand nach dem oberen Regal aus. Ich halte ihr die Marmelade hin und lächele.

»Ich bin alt, aber nicht hilflos«, fährt mich die Frau unwirsch an und fügt tatsächlich hinzu: »Scher dich zum Teufel!«

Ich bin so perplex, dass ich die Marmelade einfach in meinen Einkaufswagen lege und es kaum schaffe, eine Entschuldigung herauszubringen.

Mit stierem Blick schiebe ich den Wagen schnurgerade zur Kasse, sehe nur auf das Förderband, zahle möglichst schnell und versuche, niemanden mehr zu behelligen.

Wieso sind die Leute bloß so kompliziert? Ich muss hier raus! Ich will nach Hause! Nach Hause zu meinen Gänsen.

AUSGEFLOGEN

FRIEDER träumt wahrscheinlich noch immer von der Revolution und pflegt seine Antihaltung in einer Gruppe von acht bis zehn Graugänsen, die sich oft an einem Strandcafé in Radolfzell herumtreiben. Mit quengelndem Schnattern und demütigen Blicken schnorren sie dort die Gäste um Brot, Kuchen und andere Leckereien an. Gerade die Gans, die immer besonders selbstständig sein wollte, ist jetzt also vom Wohlwollen anderer abhängig – das Ausreißerkind ist zum Bettler geworden. Manchmal mache ich mir noch Vorwürfe wegen Frieder, und dann sehe ich ihn vor mir, wie er die milden Gaben mit besonders beleidigten Blicken quittiert, sie aber gierig aufschnappt und seinen Gänsekollegen zuraunt: *Ich kenn' diese Menschen, über diese Spezis müsst ihr mir nichts erzählen. Ich und der Kleine da, wir haben mit 'nem echten Menschen gelebt. Der saß die ganze Zeit auf seiner Bierbank herum und hat geglaubt, er wär' unser Papa. Ich hab' aber gleich gemerkt, dass mit dem was nicht stimmt.*

MADDIN sieht Frieders Revoluzzerparolen inzwischen vielleicht kritischer, hat sich aber nicht von ihm gelöst, sondern marschiert ihm noch immer treu hinterher – er gehört zu der Gruppe der Schnorrer-Gänse im Strandcafé. – *Frieder, du, also das ist jetzt echt keine Kritik an dir, aber wenn es draußen in der Natur so ungerecht zugeht und wir deshalb hier schnorren, wieso kriegst du dann eigentlich immer den größten Bissen? – Halt den Schnabel, Maddin! – Ja, okay, sorry, ich mein' ja nur!*

CALIMERO ist im Freizeitpark Lochmühle in Eigeltingen zu Hause, wo er besucht werden kann. Feinde, gegen die er kämpfen kann, hat Calimero dort nicht, aber wenn Kinder und Erwachsene ihn *süß* oder *putzig* nennen und *die niedliche Gans* streicheln wollen, dann hilft ihm vielleicht die Erinnerung an seine wilden Wohnwagen- und Rambo-Zeiten mit mir.

Auch NILS, die jüngste und kleinste Gans, ist im Freizeitpark Lochmühle untergekommen und hat sich gut in die zusammengewürfelte Gänseschar integriert. Der schmächtige Nils kann sich in der Gruppe sicher fühlen: Sein großer Bruder Calimero ist meistens in seiner Nähe und immer bereit, den kleinen Nils zu beschützen und ihn mit gesenktem Kopf, nach vorne gestrecktem Hals und lautem Zischen zu verteidigen.

PAUL, mein liebster, verschmustester, zärtlichster Vorzeige-Ganter bleibt in der freien Natur verschwunden. Ich habe ihn nie wiedergesehen und auch nichts von seinem Verbleib gehört. Ich dachte, Paul tut immer genau das, was ich will, doch zu Besuch gekommen ist er bisher noch nicht. Vielleicht hat Paul mit seiner freundlichen Art ganz leicht Anschluss gefunden und ist mit seinen Wildgänsen bereits über alle Berge. Bleibt zu hoffen, dass seine Offenheit von keinem Fuchs und keiner Gans auf dem Egotrip ausgenutzt wird.

Niemand hat eine Grabrede auf NEMO gehalten, aber ich hätte sie ungefähr so begonnen: Nemo liebte das Wasser, das Essen und meine Zähne. Er war eine große Gans, die Höhen und Tiefen kannte, und seiner anziehenden Persönlichkeit konnten nur wenige Gänse widerstehen. Als Küken wurde aus ihm schnell ein Anführer, doch seine Leidenschaft für den Löwenzahn wurde ihm zum Verhängnis, und er kam nur schwer in die Luft. Aber Nemo nahm die Herausforderung an. Er kämpfte sich mit der ihm eigenen Entschlossenheit nach oben und flog bald ganz vorne mit. Sein Tod kam plötzlich und viel zu früh.

Noch zwei Mal sah ich GLORIO, den ältesten Bruder der Gänse, auf einem kleinen Weiher direkt neben dem Flugplatz. Er startete mitten in einer Gruppe von wilden Graugänsen, zwischen denen er gar nicht auffiel. Seine Flügel hoben ihn ebenso schnell in die Lüfte, wie die seiner Freunde oder Kollegen – er sah aus wie eine ganz normale, natürlich aufgewachsene Gans, nur durch den pinken Fußring war er gut von Weitem zu erkennen. Ich weiß nicht, ob er mich bemerkt hat, doch ich hob den Kopf, dachte an das kleine Küken unter meinem Pulli und sah den fliegenden Gänsen nach, bis sie nur noch winzige schwarze Punkte am Horizont waren. Einen Moment lang war ich stolz wie ein richtiger Papa.

VIELEN HERZLICHEN DANK AN

Martin Wikelski, dem Direktor des Max-Planck-Instituts für Ornithologie. Du hast mit deinen Ideen und Visionen, deinem Idealismus und deinem Wissensreichtum dieses Projekt erst möglich gemacht.

Meinen Kindern Amélie und Ronin, die mir jedes zweite Wochenende tatkräftig geholfen und wohlwollend ihre heilige »Papazeit« mit den Gänsen geteilt haben.

Meinen Eltern Bea und Edwin für Kindertaxi-, Lebensmittel- und Waschdienste. Auch eure moralische Unterstützung hat mich immer wieder dazu motiviert, weiterzumachen.

Allen Freunden und Bekannten, die mir in dieser besonderen Zeit zur Seite gestanden und mich durch Besuche und liebevolle Worte unterstützt haben. Allen voran Eva.

Toni Roth, dem Konstrukteur und Entwickler des sensationellen Carbon Tandem Trikes. Ohne deine »Daniel Düsentrieb«-Ideen wäre ich gnadenlos gescheitert!

Allen Mitarbeitern des MPI für Ornithologie in Radolfzell, im Besonderen unseren Tierpflegern. Ihr macht jeden Tag einen grandiosen Job!

BILDNACHWEIS

Archiv Michael Quetting: Seite 1 oben, Seite 2 unten, Seite 3, Seite 4, Seite 5 unten, Seite 6, Seite 7, Seite 9, Seite 10 oben, Seite 12, Seite 13 oben;
colourFIELD tell-a-vision: Seite 1 unten, Seite 2 oben, Seite 5 oben, Seite 10 unten, Seite 11, Seite 16;
Gerber, Tobias: Seite 8;
Picture Alliance: Seite 13 unten, Seite 14/15 (dpa/Patrick Seeger).